Paulette M. Reymond

Mitschöpferschaft in der neuen Dimension

Botschaften von Sekhmet

Bitte fordern Sie unser kostenloses Verlagsverzeichnis an:

Smaragd Verlag
In der Steubach 1
57614 Woldert (Ww.)
Tel.: 02684-97848-10
Fax: 02684-97848-20
E-Mail: info@smaragd-verlag.de
www.smaragd-verlag.de

Oder besuchen Sie uns im Internet unter der obigen Adresse.

© Smaragd Verlag, 57614 Woldert (Ww.)
Deutsche Erstausgabe: Juni 2011
© Cover: Paulette M. Reymond / preData
Umschlaggestaltung: preData
Satz: preData
Printed in Czech Republic
ISBN 978-3-941363-40-3

Paulette M. Reymond

Mitschöpferschaft in der neuen Dimension

Botschaften von Sekhmet

Smaragd Verlag

Über die Autorin

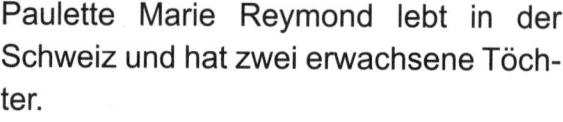 Paulette Marie Reymond lebt in der Schweiz und hat zwei erwachsene Töchter.

Seit 20 Jahren arbeitet sie als Kanal mit der geistigen Hierarchie der Erde, den Erzengeln, hohen kosmischen Wesenheiten und Sternengeschwistern.

Es ist ihr ein Anliegen, der Erde und ihren Menschen in dieser Zeit des Aufstiegs in eine neue Daseinsoktave unterstützend beizustehen.

Widmung

En souvenir de Rosalie et Charly

Danksagung

Auf der Suche nach mir selbst wurde mir Anfang der Neunzigerjahre die Präsenz von Mutter Sekhmet bewusst. Ihre Begleitung geht wie ein roter Faden durch mein Leben. Sie rief mich unter anderem nach Karnak in Ägypten, wo mich ihre Energie in ihrem Tempel tief berührte. Ich fühlte mich nach sehr langer Zeit wieder zu Hause.

Danke, liebe Mutter Sekhmet, für dein Zeichen in Karnak, für deine Liebe, deine Geduld und dein Engagement. Ich fühle mich sehr geehrt, deine Botschaften für die Menschen weiterzuleiten.

In tiefer Liebe,
Paulette Marie Reymond

Inhaltsverzeichnis

Sekhmet

Seit Anbeginn bin ich mit der Erde und ihren Menschen in Liebe verbunden. Meine Aufgabe ist es, Licht ins Dunkle zu bringen, ihnen ihren Evolutionsweg zu weisen und sie zu unterstützen. In vielen Zivilisationen wurde ich deshalb als Göttin verehrt. Als Urmutter der solaren Meisterschaft hat meine Energie zur Evolution auf diesem Planeten beigetragen. Zurzeit begeht ihr einen Quantensprung auf dem Weg des Lichts, und diese Botschaften sind Teil meines Einsatzes für die Menschheit, für ihre Auferstehung als multidimensionale Lichtwesen. Unser aller Ursprung und Bestimmung ist das Licht. In diesem Licht sind wir bis in alle Ewigkeit miteinander verbunden. Lasst das göttliche Licht in euch scheinen und erstrahlt in neuem Glanz. Erkennt, wer ihr seid, und kreiert die neue Erde, stoßt vor in neue Wirklichkeiten, umarmt das Vergangene und lasst es los.

Lasst das Licht und die Liebe wieder fließen und genießt euer Leben auf diesem wundervollen Planeten Erde.

Das Licht und die Liebe sind die Basis jeder Existenz und die Verwirklichung unseres Daseins. Eingebettet in Alles-was-ist schreiten wir gemeinsam weiter ins Licht. Ursprung und Bestimmung vermählen sich im Jetzt und manifestieren die Neue Erde, eure Heimat, euer Zuhause.

Gepriesen sei die Menschheit für ihren Mut und ihre

Durchsetzungskraft, und gepriesen sei unser Schöpfergott, unsere Schöpfergöttin, die in uns allen ruhen.

Sekhmet

Einführung

Die fünfdimensionale Qualität der Harmonisierung der Polaritäten ist ein Novum für die Erdenbewohner, und es wird einige Umstellungen im eurem Verhalten verursachen, die zuerst gelernt und integriert werden müssen. Es wird die Menschheit aber zu den galaktischen Zivilisationen führen und ihre Integration in dieselben beschleunigen. Die Harmonisierung der Polaritäten betrifft einige Aspekte eures Lebens auf Erden. Ich möchte mich aber speziell für die Harmonisierung des weiblichen und männlichen Prinzips einsetzen und engagieren, denn diese liegt mir ganz besonders am Herzen, klaffen doch auf Erden vielerorts diese Polaritäten stark auseinander und verursachen viel Schmerz und Leid. Zudem liegt ein großes Potenzial an Talenten brach, das nun unbedingt gebraucht wird. Speziell das weibliche Potenzial ist jetzt in diesem Aufstieg in die Fünfte Dimension von unschätzbarem Wert und wird der Menschheit eine neue, weibliche Sicht der Dinge und deren Umsetzung bringen.

Wenn ich von weiblichem Potenzial spreche, meine ich nicht nur das von Frauen, sondern auch das von Männern, die ihre weibliche Seite akzeptieren und leben möchten. Mit weiblichen Talenten meine ich die Intuition, die Sensitivität, die Kreativität, die Hingabe, der Kontakt zur Erde usw. Dieses Buch wird also diese Inhalte vertiefen, erklären und Mut machen, diese Polaritäten zu studieren und zu einem Konsens zu kommen. Dieser Konsens ereignet sich in jedem Menschen, was auch immer sein Geschlecht ist. Es ist also zuerst eine innere Arbeit, die sich dann auch im Außen manifestieren und eure Gesellschaften stark verändern wird. Die religiösen und gesellschaftlichen Manipulationen werden erkannt und transformiert werden müssen. Es liegt also viel fundamentale Arbeit vor euch. Ihr werdet in euer tiefstes Inneres gehen müssen, eure Neigungen und Wünsche anschauen, um sie eventuell zu transformieren, damit ihr den menschlichen Gesellschaften die Möglichkeit geben könnt, ihr wahres Potenzial voll auszuschöpfen, um im Einklang mit Mutter Erde die Neugeburt in eine höhere Dimension zu vollziehen. Die Menschen, die dazu bereit sind, werden mit der Erde diesen Aufstieg erarbeiten.

Die galaktischen Zivilisationen erwarten euch mit Freude, denn die jetzige Aufstiegszeit auf Erden wird euch große Erfahrungen bringen, wie sich eine Gesellschaft von einer stark polaren drei- und vierdimensionalen in eine fünfdimensionale Qualität transformieren kann. Die Zeit, die vor euch liegt, wird nicht einfach sein, und doch wird jeder Mensch in sich selbst diesen Drang zur Harmonisierung spüren. Ob er dieser Suche, dieser Transformation, nachgibt, liegt bei jedem Individuum selbst. Jeder Mensch trägt für sich selbst die volle Verantwortung und muss sich bei der Entscheidungsfindung auf sich verlassen können. Manipulationen werden aufgedeckt und Klarheit der Zusammenhänge ersichtlich. Diese neue Klarheit, die sich nun durch diese steigernde Energie vollzieht, wird gewisse Lebensumstände in sich zusammenbrechen lassen und neuen partnerschaftlichen Modellen Platz machen. Die Anhebung der Energie wird diesen Prozess unterstützen. Doch ist mit reaktionären Kräften zu rechnen, die ihre Privilegien nicht aufgeben wollen. Es ist also zuerst ein schwieriges Unterfangen, doch wird sich diese fünfdimensionale Qualität Schritt für Schritt durchsetzen und der Menschheit erlauben, sich voll zu entfalten.

Die geschichtlichen Zusammenhänge

Vor sehr langer Zeit, als die ersten Menschen Lemuria besiedelten, klafften die Polaritäten noch nicht auseinander. Die damaligen Bewohner von Lemuria waren Sternengesandte, die der Erde mit ihrer kosmischen Liebe helfen wollten, in eine höhere Dimension zu gelangen. Dieser Prozess dauert bis heute. Es sind heute viele Lemurier inkarniert, die nun endlich ihre Saat ernten können. In Erdenzeit ist eine lange Zeitspanne vergangen, doch in kosmischen Begriffen ist es ein natürlich dauernder Prozess. Viele Inkarnationen waren nötig und ein Eintauchen in sehr dunkle Zeiten. Dies war notwendig, um das ganze Spektrum der Energien hier auf Erden kennenzulernen, bevor ein Aufstieg in eine höhere Dimension vonstatten gehen kann. Bei diesem Prozess begannen die Polaritäten stark auseinanderzudriften, ob in matriarchalischen oder patriarchalischen Gesellschaften. Nun ist aber die Zeit der Harmonisierung gekommen, in der sich beide Energien in der Mitte treffen, in der ein gemeinsamer Ausdruck gefunden werden muss, um den nächsten menschlichen Evolutionsschritt zu beschreiten.

Es gibt auf der Erde Regionen, in denen Gesellschaften sich weiter entwickeln konnten als im anderen. Momentan sind auf der Erde große Diskrepanzen der weiblichen und männlichen Energie festzustellen. Diese sollten, müssen und werden sich jetzt langsam angleichen. Der Aufstieg der Bewohner der Erde wird nicht nur von einer elitären

Schicht begangen, sondern von allen Menschen, die willens sind, Verantwortung für sich selbst, ihre Gesellschaft und die Erde zu übernehmen. Die Erde wird als Ganzes von den galaktischen Zivilisationen aufgenommen werden. Zudem wird das Ansteigen der Energie die Diskriminierung von Teilen der Bevölkerung nicht mehr zulassen. Dieser Energieanstieg wird also die Menschen wachrütteln und ihre Gesellschaften transformieren. Ihr werdet staunen ob der Veränderungen, die in nächster Zeit stattfinden werden, die ihr euch nie zu träumen wagtet. Natürlich wird es zunächst zu einer größeren Polarisierung kommen, denn Macht abzugeben war noch nie leicht. Erkennt aber in diesem unglücklichen Spiel die neuen Energien und seid zuversichtlich, dass ein Konsens folgen wird. Dieser Prozess wird eine große Herausforderung für die Menschheit, geht er doch mitten durch eure ganz intimen, familiären Zellen. Eigentlich ein Ort der Liebe. Die Liebe in all ihren Facetten wird auf die Probe gestellt werden und vielerorts eine Neugeburt bewirken. Es wird also ein sehr tiefgreifender Prozess werden, ein Prozess der euch die Liebe lehren wird, das Miteinander. Was sich in euren Familien und partnerschaftlichen Verbindungen manifestiert, hat einen großen Einfluss auf eure Gesellschaften, Religionen und Nationen. Dieser Prozess wird nicht im Außen stattfinden, sondern in jedem Einzelnen und so das Ganze beeinflussen.

Eure Sternengeschwister unterstützen diesen Prozess. Bittet, damit sie sich tatkräftiger engagieren dürfen. Sie beobachten diesen Harmonisierungsprozess ganz genau. Ihr seid nicht allein in dieser Transformationsphase, sie sind bei euch, wie sie es schon immer waren und es immer sein werden, denn sie sind nicht getrennt von euch, wir sind alle eins im EINEN. Ihr musstet alle dunklen Prozesse durchstehen, nun seid ihr aber reif, das fünfdimensionale Tor zu durchschreiten. Seid willkommen zu Hause!

Die Zeiten, in denen ihr jetzt auf Erden lebt, sind von großen Umwälzungen gekennzeichnet, die euer privates, soziales und nationales Leben grundsätzlich verändern. Diese Veränderungen haben bereits seit einigen Jahren, für viele unmerklich, für andere drastisch, begonnen. Seid versichert, liebe Erdenbürger, dass dies zu eurer Transformation gehört, zur Erneuerung der Lebensumstände in all ihren Facetten. Es mag für viele sehr schwierig sein, festzustellen, dass ihre Gewohnheiten, ihre Rituale und ihr fest gefügtes Netzt sich auflösen. Sich dieser Veränderung zu widersetzen, an alten Bedingtheiten festzuklammern wird euch viel Energie rauben und Umwege bringen. Braucht diese Energie vielmehr, um euch mit den neuen Realitäten abzufinden, um in diesem vermeintlichen Chaos euren eigenen Weg zu suchen. Ein Weg, der besser zu euch passt und unterstützt. Die verstärkten Energien, die jetzt zur Erde gesandt werden, werden euch leiten und unterstützen. Geht in euer Innerstes und hinterfragt eure Wünsche und Talente. Unterstützen sie euer neues Leben in Einheit mit dem Ganzen? Egoistische Ziele, die die Einheit nicht mit einbeziehen haben wenig Chancen, zu überleben. Der neue Mensch wird sich als Erdenbürger dem Ganzen verpflichtet fühlen und so dazu beitragen, dass die Menschheit mit der Erde den Oktavensprung in die Fünfte Dimension bewerkstelligen kann. Diese Zeit der Transition sowie der Beginn des neuen Zeitalters werden eine Unmenge kreativer Umstellungen zur Folge haben. Jedes Individuum, das bereit ist, wird erfüllt diesen Weg gehen. Der Weg der Freiheit im Einklang mit Verantwortung und Liebe zum Ganzen. Diese Aussagen werden sich nun Schritt für Schritt realisieren und der Menschheit als Ganzes helfen, die vielen anstehenden Probleme zu lösen und neue kreative Strukturen aufzubauen. Diese Zeit jetzt auf Erden ist wahrlich eine Neugeburt, nicht nur für Mutter Erde, sondern auch für ihre Menschheit. Jetzt an diesem Prozess beteiligt zu sein, ist eine außergewöhnliche Gnade und Chance. Auch wenn es zum Teil hart sein sollte, vergesst diesen Aspekt nicht. Er wird euch Mut, Zuversicht und die Kraft geben, das Neue zu akzeptieren und zu implementieren.

Große alte Seelen sind zurzeit auf Erden inkarniert, liebevolle Lemurier, die jetzt der Ernte ihrer Saat entgegensehen und die letzten Wachstumsschübe initiieren, überwachen und begleiten. Viel geistige Hilfe wird der Menschheit jetzt zuteil, denn sie kann nun dank des großen Bewusstseinsschubs, nach all den Jahren der Entbehrungen, diese Hilfe annehmen und verstehen. Diese geistige Hilfe kommt nicht von außen auf euch zu, denn wir waren niemals voneinander getrennt. Es war nur eure begrenzte Wahrnehmung, die dies verursacht hat. Die Zeiten des dicken Schleiers, der uns voneinander trennte, sind nun vorbei. Durch die erhöhte Energie wird sich dieser Schleier nun nach und nach auflösen, und ihr werdet euch der Wesenheiten bewusst werden, die euch unterstützen. Ich möchte ganz besonders die Erdentitäten in euch wachrufen, eure Elfen, Gnome, Devas usw. Seid euch ihrer Unterstützung gewiss, denn sie gehören zu euch, zu eurem Leben auf Erden. Sie werden euch wertvolle Unterstützung bringen im Umgang mit Mutter Erde, denn ihr lebt in Symbiose mit ihr. Euer weiterer Weg geht nur mit Erde, Gaia oder Terra, wie ihr sie nennen mögt. Seid euch dieser Tatsache ganz tief bewusst. Dies wird euren Umgang mit ihr drastisch verändern. Die Worte „Ausbeutung der Erde" oder „Macht euch die Erde untertan" usw. werden sich auflösen und durch Respekt ihr gegenüber ersetzt. Wo wollt ihr denn hin, wenn euch die Erde nicht mehr trägt? Eine fundamentale Frage, die ihr euch stellen müsst, auch hinsichtlich der nächsten Generationen, die ihr ins Leben gerufen habt. Eure Überlegungen setzen die Verantwortung jedes Einzelnen voraus. Diese Verantwortung ist nun im Begriff, die Menschen und das Ganze zu verändern. Glaubt nicht, dass ihr euch davon distanzieren könnt, dass es nur die anderen angeht. Es ist ein globaler Prozess, der alle Menschen betrifft.

Die weiblichen Qualitäten eigenen sich hervorragend dafür, den Zugang zu Mutter Erde zu begreifen und zu vertiefen, sind Frauen doch durch ihre Menstruation und die Geburten mit den Rhythmen der Erde verbunden und vertraut. Sie spüren sie in ihrem Körper. Der Zugang zu diesen Rhythmen muss erfühlt werden, kann also nicht durch die Ratio begriffen werden. Dieses Potenzial ist in den Frauen seit Urzeiten angelegt. Verzichtet nicht auf diese Talente. Es ist ein unschätzbarer Gewinn für die Menschheit, wenn dieses Potenzial voll in die menschlichen Gesellschaften einfließen kann. Die Symbiose mit Gaia wird bewusst erlebt und gelebt werden können. Die Verbindung der Göttinnen zum Wohl allen Lebens im Hier und Jetzt wie auch im Kosmos.

Veränderungen jeder Art werden euch jetzt noch eine Zeit lang begleiten. Stellt euch darauf ein, denn es wird euer Leben erleichtern. Versucht im Fluss mit den Neuerungen zu leben und euch kreativ an Veränderungen in eurem privaten Leben und eurer Arbeit zu beteiligen. Die großen ökonomischen, sozialen und religiösen Umwälzungen, die die nächsten Jahre beherrschen werden, werden euch ein neues Verständnis der Zusammenhänge auf Erden und im Kosmos bringen. Es ist ein langsames Hineinwachsen in neue Wissengebiete, Verhaltensformen und Ansichten über das Ganze. Diese Revolution wird den Menschen bis in seine Tiefen verändern und ihn mit den galaktischen Zivilisationen kompatibel machen. Galaktische Kontakte werden dann das Natürlichste der Welt für die Menschen bedeuten, denn ihr Selbstwert wird sich mit den außerirdischen Gesellschaften messen können. Ein Austausch wird dann partnerschaftlich stattfinden können und alle Parteien nähren und gegenseitig lehren.

Das lange bewusstseinsmäßige Wachstum der Menschheit wird jetzt seine Krönung erfahren und gleichzeitig eine Erneuerung oder Wiedergeburt in eine höhere Oktave mit sich bringen. Die Lernprozesse werden in einer höher und schneller schwingenden Energie vonstatten gehen und die Evolution der Menschheit sehr beschleunigen. Die Erde ist jetzt bereit, ihren bewussten Platz im kosmischen Reigen einzunehmen und ihren Beitrag zu leisten.

Freut euch, liebe Erdenbürger, endlich die Reife erlangt zu haben, euch kosmisch einlassen zu können. Der Respekt eurer Sternengeschwister ist euch gewiss, haben sie doch eure Evolution verfolgt und unterstützt.

Der neue Rahmen des Verstehens

Die Emanationen der Sonne bringen euch jetzt Informationen, die euren genetischen Kode neu programmieren und vervollständigen. Es findet ein großer Umbruch statt, der euch aber helfen wird, durch die Erweiterung eurer Denkkapazität mit den neuen Begebenheiten besser umgehen zu können. Auch eure Herzensqualität wird sich jetzt zu einer höheren Ebene hin entwickeln und euch damit erlauben, positive menschliche Fortschritte anzugehen. Ein neues Verständnis der Dinge wird nötig sein, um eure auseinanderklaffende männlich-weibliche Polarität auszugleichen. Dieses neue Verständnis müsst ihr zum Teil selbst erarbeiten, doch erhaltet ihr energetisch viel Hilfe vom Kosmos, zum Beispiel durch die Sonneninformationen, die in euch und in die Erde eindringen, sowie die energetische Hilfe eurer Sternengeschwister. Vergesst nicht, auch ihr seid schlussendlich Sternensaat.

Euer Erinnerungsvermögen wird jetzt langsam erwachen, ihr werdet euch eurer Wurzeln besinnen und wissen, warum ihr die Erde als Inkarnationsort wähltet. Euer Auftrag, den Paradieskode auf die Erde zu bringen, steht vor der Erfüllung. Eure Mission ist bald zu Ende. Eine großartige Arbeit habt ihr über all die Lebenszyklen geleistet und der Menschheit die Möglichkeit gegeben, mit der Erde den Aufstieg in die höhere Schwingungsoktave vorzunehmen. Der Paradieskode ist in jedem Menschen vorhanden und wird jetzt durch die beschleunigte Sonnenenergie geknackt. Dies wird viele Veränderungen, die zurzeit noch unmöglich oder doch sehr schwierig erscheinen, möglich machen. Vertraut euch und beobachtet die Veränderungen im Verhalten eurer Nächsten und Nachbarn, und ihr werdet bemerken, dass sich diese neue energetische Ausrichtung manifestiert und Gegebenheiten verändert.

Der Paradieskode ist die kosmische Liebe selbst, die sich jetzt auf der Erde manifestiert. Die Menschen christlicher Religionen nennen es das Christusbewusstsein, süd- und mesoamerikanische Philosophien nennen es die Rückkehr der gefiederten Schlange, die Rückkehr Quetzalcoatls oder Kukulkans.

Für die Juden ist es der lang ersehnte Messias.

Diese Liebesenergie wird jeder in sich aufnehmen, entwickeln und weitergeben. Die Erde wird das, was sie schon immer war: ein Paradies, und die Menschen werden sich ihrer Göttlichkeit in der Einheit bewusst. Die Trennung von Alles-was-ist wird der Vergangenheit angehören, der Dritten und Vierten Dimension.

Auch wenn jetzt noch einige Veränderungen stattfinden müssen, ist doch das Ziel vielversprechend und wird euch Mut und Zuversicht geben, die letzten Hürden zu bestreiten und neue Paradigmen des Zusammenlebens zu kreieren. Ihr seid also keine Einzelkämpfer mehr, sondern eine große Armee lichtvoller Menschen, die ins Paradies zurückkehren.

Mit diesen Umwälzungen wird der Erde und ihrer Menschheit die Möglichkeit geboten, aktiv an den galaktischen Versammlungen der Kräfte des Lichts teilzunehmen und ihren Beitrag einzubringen.

Veränderungen im Innen und Außen

Die Veränderungen, die in eurer Psyche, eurem Körper, in Gesellschaften und Nationen jetzt geschehen, wirken sich auch auf die Erde und die Natur aus. Durch diese Prozesse erarbeitet ihr ein globales Verständnis der anstehenden Probleme und werdet in voller Verantwortung die Gesetze erarbeiten, die zum Wohl der Erde und der Menschheit sind. Schwächere Gesellschaften werden von den stärkeren unterstützt, denn nur gemeinsam könnt ihr die anstehenden Probleme lösen und dadurch eine Nationen übergreifende Politik betreiben, die alle einbezieht. Die weiblichen Kräfte werden in diesem Prozess eine große Rolle spielen und die Chance erhalten, sich voll einzusetzen, dieses Mal nicht nur im familiären Rahmen, sondern in einem terrestrischen.

Die Begrenzung der weiblichen Kräfte auf die familiäre Domäne wird durchbrochen. Dies wird speziell in patriarchischen Gesellschaften sehr große Veränderungen und den Frauen mehr Selbstwert bringen, den sie für die Zukunft dringend benötigen. In einigen Gebieten haben sie durch Unterdrückung und Nötigung ein verstärktes Gefühl für Mutter Erde und ihre Rhythmen entwickelt. Dieses Potenzial steht allen zur Verfügung. Es wäre ratsam, diese Frauen in eure Prozesse als Ratgeber einzubinden. Die Klimaprobleme der Erde sollten nicht nur mit wissenschaftlichen Ansätzen angegangen werden, sondern unter Mitwirkung irdischer Bevölkerungen und deren Frauen.

Hört auf die lange Tradition der Irdischen, auf ihre Verbindung zur Erde. Ihr werdet staunen, welchen Beitrag sie der Menschheit bringen werden. Sie werden euch lehren, wie die Erdenbevölkerung mit ihrem Planeten, ihrem Zuhause, umgehen sollte. So werdet ihr Ansätze für große Veränderungen in eurem Denken und Handeln finden und Missstände korrigieren.

Mit Verzögerungen, aber doch innerhalb der gesetzten Frist, werdet ihr eure Gemeinschaften erneuern und auf eine neue Ebene bringen. Vertraut diesem Prozess und lasst euch nicht entmutigen, auch wenn euch die Schranken, die man euch entgegengeschleudert, frustrieren. Wisst um den Sieg am Ende des Weges, den Sieg über Egoismus und Engstirnigkeit.

Jahrhundertealte Traditionen und Rituale sind schwierig zu verändern, setzen diese Veränderungen doch einen hohen Anstieg des Bewusstseins voraus. Dieser Anstieg des Bewusstseins der Menschheit setzt sich unaufhaltsam fort, mal schneller, mal langsamer. Diese neue beschleunigte Energie muss in euch und in eure Gesellschaften bis zur Basis integriert werden. Nur so sind nachhaltige Veränderungen ohne zu großen Kampf möglich. Beobachtet, wie sich Details immer mehr verändern. Das Schneeballprinzip wird das Restliche übernehmen. Die Gesellschaften der Erde werden sich erneuern und das weibliche und männliche Prinzip gemeinsam die anstehenden Probleme auf Erden in Harmonie kreativ lösen. Es gibt noch viel zu tun, um die Balance in eurem Zusammenleben zu gewährleisten und eine Gesellschaft zu kreieren, die die Belange der Erde als Ganzes im Visier hat. Denn nur als globale Erdenbewohner werdet ihr Zugang zu den galaktischen Zivilisationen haben. Diskriminierungen der Nord-Süd-Ost-West-Achse oder Rassenzugehörigkeiten werden sich auflösen. Ihr seid alle Erdenbewohner! Das ist ganz schön speziell, nicht wahr? Territoriale Eigenschaften und Spezialitäten werden zum Wohl aller in eure Ziele einfließen. Ungeahnte Schätze werden sich euch offenbaren, zum Beispiel eure Talente, die bis jetzt noch ziemlich brachlagen. Das Gefühl der Gemeinsamkeit wird sich in euch stärken, und ihr werdet merken, dass ihr eigentlich alle eins seid, dass es keine Trennung zwischen euch, der Menschheit und der Erde gibt. Durch diese tiefe Erkenntnis werden Probleme ganzheitlich gelöst und extraterrestrische Kontakte das Natürlichste von der Welt sein.

Der Prozess, den ich euch aufgezeigt habe, liegt zum Teil noch vor euch, doch seid ihr schon eine Weile auf diesem Weg. Die jetzige Beschleunigung der Energie wird euch nun aber rascher vorwärtsschreiten lassen. Seid zuversichtlich und mutig. Ihr besitzt die benötigte Kraft, und die Unterstützung eurer Sternengeschwister ist euch gewiss.

Sexualität

Je weiter die Polaritäten des männlichen und weiblichen Prinzips auseinanderklaffen, desto größer ist die energetische Spannung zwischen diesen Polen. Die Sexualität hat einen hohen Stellenwert auf der Erde und wurde aus diesem Grund von allen euren Religionen in Gesetze verpackt, katalogisiert, verteufelt oder als nicht existent betrachtet.

Die Sexualität dient der biologischen Weiterentwicklung der menschlichen Spezies. Aus diesem Grund wurde sie vielerorts als notwendiges Übel erachtet. Die Frauen, die die Frucht der Sexualität manifestieren, wurden und werden entwürdigt, missbraucht und als zweitklassig eingestuft. Sie wurden und werden vom Männlichen als alleinige Täterinnen der sexuellen Lust angesehen. Dunkle Zeiten dieser Problematik liegen zum Teil hinter euch, sind jedoch in vielen patriarchischen Gesellschaften nach wir vor präsent.

Durch den jetzigen Anstieg der Energie auf Erden wird sich diese Problematik entschärfen, weil die männliche und weibliche Polarität einer Harmonisierung entgegengehen. Das heißt, dass sich die polare Spannung Schritt für Schritt harmonisieren wird. Zwischen Mann und Frau wird Gelassenheit einkehren und ein Miteinander gefördert. Männer und Frauen werden dadurch lernen, sich im familiären Bereich wie auch in der Gesellschaft als Partner zu verstehen. Die Zugehörigkeit zu einem Geschlecht wird immer mehr in den Hintergrund treten und partnerschaftlichen Modellen Platz machen.

Harmonische, lustvolle Sexualität wird in einem partnerschaftlichen Rahmen stattfinden. Lustvolle Sexualität ist ein wichtiges Werkzeug der Menschheit, das sie physisch und psychisch ausgleicht. Sie kann sogar dem persönlichen spirituellen Weg dienen und die Menschen in ihrem Bewusstsein weit voranbringen.

Je weiter die Menschheit in der Fünften Dimension voranschreitet, je mehr wird sie sich zur Androgynität entwickeln.

Entwicklung zur Androgynität in der Fünften Dimension müsst ihr euch nicht als geschlechtslos vorstellen. Ihr verbleibt im Körper eures, bei der Geburt gewählten Geschlechts, mit allen spezifischen Vorzügen und Attributen. Die sexuelle Energie aber verliert ihr Spannungsfeld. Ihr werdet nicht mehr eurer Libido untertan sein, sondern jeweils eigenständig entscheiden, ob ihr eure Sexualität mit einem Partner ausleben wollt. Durch die Sexualität kommt ihr eurem Partner und euch selbst sehr nahe und könnt gemeinsam mit dieser lustvollen Energie ekstatische Höhen erklimmen. Sie ist also ein wunderbares Werkzeug für eure Entwicklung und dient gleichzeitig der Erhaltung der Menschheit.

Durch eine falsch verstandene Sexualität wurde der Menschheit viel Leid und Schmerz zugefügt, besonders den Frauen. Diese Traumen werden jetzt geheilt. Den Frauen wird wieder der ihnen zustehende Platz in der Gesellschaft zuteil, wo sie sich für das Wohl des Ganzen einbringen.

Die Anziehung zwischen den Geschlechtern wird immer bestehen. Der Minus- und Pluspol wird sich also nicht auflösen, denn ihr bleibt in der Polarität, aber eben in einer harmonisierten. Dadurch werden viele der heute noch herrschenden Probleme einen Konsens finden. Respekt füreinander wird noch vermehrt in die Beziehungen einfließen. Die Paare werden sich gegenseitig tragen und ihre Kinder entsprechend führen und erziehen. Der Kampf der Geschlechter geht also seinem Ende entgegen. Schon jetzt fließen diese neuen Energien in eure Verbindungen ein und beginnen, die sozialen Strukturen zu untergraben. Die gesellschaftlichen Strukturen werden sich dem neuen Menschen und seinen Bedürfnissen anpassen müssen.

Die Harmonisierung des Spannungsfelds der weiblichen und männlichen Polarität wird viel Energie und Zeit für anderweitige Tätigkeiten und Aufgaben bereitstellen. Diese Energie wird euch beim Wiederaufbau eurer Gesellschaften sehr dienen. Ihr verliert also nichts, im Gegenteil, ihr gewinnt! Aus der heutigen Sicht der Dinge seid ihr noch skeptisch, doch dieser Prozess ist bereits dabei, sich Schritt für Schritt zu realisieren. Akzeptiert diese Neue Energie, sie bringt euch die Befreiung.

Männer und Frauen dieser Erde, werdet euch eurer vollen Verantwortung als Mensch bewusst! Ihr seid vor allem Menschen in unterschiedlichen Körpern!

Die Vertrautheit zwischen den Geschlechtern

Wir haben über Sexualität gesprochen, jedoch nicht über die Liebe, die die Geschlechter verbindet. Sexualität kann sich ohne gegenseitige Liebe vollziehen. Das war bisher oft üblich. Bei fortschreitendem Energieanstieg wird die gegenseitige Liebe zwischen Sexualpartnern jedoch immer wichtiger werden, ja, sogar notwendig, je nach Bewusstseinszustand der Beteiligten. Denn durch die Sexualität, die Intimität, wird der Liebe zwischen den Partnern ein ganz spezieller Stellenwert zuteil.

Die Liebe hat viele Facetten. Durch die erotische Liebe können sich ihre vielen Facetten im Körper integrieren und in alle Zellen vorstoßen, den Körper harmonisieren und nähren. Dieses Gut wird nicht mehr missbraucht, sondern seinen einmaligen Status in einer Paarbeziehung erhalten. Natürlich wird diese Qualität schon von vielen Paaren seit langem gelebt. Nun wird sie aber einer breiten Menschheit bewusst und als göttliches Geschenk angenommen. Die Körperlichkeit gehört zu euch wie euer Geist. Ihr seid ein Ganzes. Kein Teil ist minderwertig, sondern der ganze Mensch geht nun vorwärts ins Licht. Der Körperlichkeit soll nun vermehrt Beachtung geschenkt werden. Eine gesunde Seele in einem gesunden Körper! Diesen Spruch kennt ihr ja. Die Seele kann sich nur durch euren Körper manifestieren. Hinterfragt also eure Leiden, damit ihr sie auch auf einer höheren Ebene heilen könnt und keine Symptome mehr in eurem Körper auftreten. Dieser Heilansatz ist bei euch noch ziemlich neu, wird sich aber in nächster Zeit immer mehr durchsetzen und einem ganzheitlichen Heilungsanspruch Platz machen. Symptombehandlung wird es weiterhin geben, doch mit ganzheitlicher Vernetzung.

Ihr seid das Produkt vieler Inkarnationen auf der Erde. Ihr habt viel Freude erlebt, aber auch viele Traumen. Dies ist alles in eurem Körper gespeichert und wird jetzt mit der beschleunigten Energie zur Transformation frei. Schaut die Prozesse, die sich in euch ereignen, an und lasst die alten Muster und Blockaden los, damit ihr freier in die höhere Schwingungsoktave weitergehen könnt. Blockaden zeigen sich euch nicht nur auf der körperlichen Ebene, sie können auch eure Liebesbeziehungen und Beziehungen aller Art stören und zerstören. Schaut hinter die Kulisse der Ereignisse und versucht, für euch den Konsens oder die Harmonisierung zu erreichen, die ihr benötigt, um befreit weiterzugehen.

Die jetzige Zeit ist voll von Transformationen in allen menschlichen Gebieten. Es ist sicher nicht immer einfach, doch vertraut dieser neuen Energie. Sie wird euch dorthin führen, wo ihr hin müsst. Geht mit dem Fluss. Versucht, euch nicht an Altem, Überholtem festzuhalten. Es wird euch nicht gelingen, euch aber viel Kraft abverlangen und erschöpfen. Loslassen ist das große Thema dieser Zeit, um in Eigenverantwortung, Mut und Freude weiterzugehen. Freude und Spass sind eure Begleiter. Versucht alles von einer humorvollen Seite zu sehen. Die Neue Energie ist voll davon. Transformation ist nicht etwas Leidvolles und Depressives, sondern eine Befreiung, die euch zu dem neuen Menschen führen wird, der ihr eigentlich schon seit Äonen seid. Eine göttliche, mitschöpfende Wesenheit, Bewohner des Paradieses Erde.

Die vielen Beziehungsprobleme, die Paare heutzutage haben, werden stark von den beschleunigten Energien verursacht. Da ist einmal der Individuationsprozess, der jeden Menschen betrifft. Jeder Mensch wird sich seiner Lebenswünsche jetzt bewusst und möchte sie natürlich auch ausleben können. Als Einzelperson ist das sicherlich machbar. In Verbindungen hingegen, die sich für eine ganze Lebenspanne gegenseitige Verpflichtung geschworen haben, wird es schwierig, wenn ein oder beide Partner mit der Zeit bemerken, dass sie ihr eigenes Leben nicht erfüllt leben können. Das ansteigende Bewusstsein wird nicht von allen Menschen gleichzeitig integriert, und so sind Diskrepanzen unausweichlich. Die Menschen werden neue Paarstrukturen finden müssen, und sie sind bereits dabei, neue zu kreieren. Die Gesetze müssen sich unweigerlich dieser neuen Situation anpassen und das Recht der Menschen auf ein eigenes, erfülltes Leben unterstützen. Die Gesellschaften werden sich dem neuen Menschen anpassen, denn die alten Paradigmen haben ausgedient. Die neuen Paarverbindungen werden auf gegenseitiger Liebe beruhen, so lange diese beide trägt. Liebe braucht eigentlich keine Gesetze, es sind die ökonomischen Gebilde, die bei Paarverbindungen entstehen, und die Gesetze vielleicht erforderlich machen. Jeder Mensch wird fortan in voller, einzelner Verantwortung eine Paarverbindung eingehen und die entsprechenden Konsequenzen für sich und die Verbindung tragen.

Um diesen Schritt in die volle Verantwortung zu gehen, muss jeder Mensch versuchen, in sich zu ruhen. Es ist klar, dass es euer Alltag nicht erlaubt, immer in eurer Mitte zu sein. Doch sollte die Verbindung zu euch selbst erarbeitet werden. Sucht also die Lösung eurer Probleme nicht im Außen, sondern macht Bekanntschaft mit euch selbst, mit eurem Inneren. Ihr werdet auf ungeahnte Schätze stoßen, neue Talente, die sich euch offenbaren. Ihr werdet euren ganz persönlichen Weg finden und diesen mit eurem Partner gehen können. Partnerschaftliche Beziehungen werden von der neuen Energie unterstützt und gefördert. Manipulation und Missbrauch werden Worte der Vergangenheit sein und keinen Platz mehr auf der neuen Erde haben. Liebe und Vertrauen werden der Leim der neuen Verbindungen sein.

Schreckt jetzt nicht vor Transformationen in euch und in euren Beziehungen zurück, sondern fließt mit dieser neuen Energie dem neuen Miteinander entgegen. Herzlichkeit und Herzenswärme werden euch umfassen und eure Verbindungen stärken. Volle Herzen verletzen nicht, sondern respektieren den Nächsten, die Natur und die Erde. Seid dem Leben gegenüber dankbar!

Diese Aussagen möchten euch Mut und Zuversicht geben in dieser Transitionsphase, damit ihr hoffnungsvoll das Neue begrüßen könnt.

Mit Mut in die nächsthöhere Schwingungsoktave

Viele Menschen leben zurzeit allein, ohne Liebes-partner, und verstehen nicht, warum sie ihr Leben allein meistern müssen. Beziehungen brechen auseinander und verursachen tiefe Verletzungen bei den Beteiligten. Viele Kinder werden von nur einem Elternteil erzogen und ver-missen einen Elternteil oder kennen ihn nicht. Diese Zu-stände sind für alle Beteiligten sehr schmerzhaft, und sie werden zum Teil bis zum Kern ihres Selbst erschüttert.

In jedem dieser Leben ereignen sich tief greifende Lernprozesse, der die Menschen schlussendlich auf ih-ren Weg führt, alte Blockaden und Muster löst und einen Neubeginn initiiert. Erschütterungen, die ein menschliches Leben begleiten, beinhalten nicht nur Negatives, sondern sind auch eine Chance, neuartige Energien anzuziehen und Altes loszulassen.

Es ist vergleichbar mit den Jahreszeiten. Nach dem Winter kommt immer wieder der Frühling oder der Sonnen-aufgang nach einer dunklen Nacht. Diese Rhythmen sind in allem enthalten, seien es Lern- oder Wachstumsprozesse.

Durch die jetzt höher schwingende Energie werden sich viel mehr Menschen ihrer Lebensbedingungen und Lernprozesse bewusst, damit sie sich auf ihrem Weg wei-terentwickeln können. Es geht um die Entwicklung ihres

Selbst. Vom Kokonzustand der Raupe zum Schmetterling, der dann wieder in alle Himmelsrichtungen frei fliegen und sich frei entfalten kann.

Es ist sicherlich schwierig, wenn man mitten in einem solchen Lernprozess steht, doch möchte ich euch aus einer gewissen Distanz das Ausmaß solcher Lernprozesse zeigen, um euch Mut zu machen, tapfer euren Weg weiterzugehen, auch wenn er manchmal steinig ist. Alles, was ihr transformiert habt, kehrt nicht wieder zurück. Es ist aufgelöst.

Erschreckt jedoch nicht, wenn Muster die man aufgelöst zu haben meint, in irgendeiner Form, manchmal Jahre danach, wieder auftauchen. Die menschliche Psyche kann nur so viel auf einmal loslassen, wie es ihr bekommt. Verschiedene Aspekte einer Blockade können also wieder auftreten, um sie erneut für immer los zu sein. Eine Blockade wird also Ebene für Ebene transformiert, und diese neue befreite Energie wird zum Werkzeug eures Lebens.

Herzenswärme fließt in die befreiten Ebenen, denn nur die Liebe vermag es, Verletzungen zu heilen und Beziehungen auf eine neue Ebene des Verständnisses und Verzeihens zu bringen. Transformationen haben immer mit Liebe zu tun, Liebe zu euch selbst und zu eurem Nächsten. In der Fülle dieser Energie sind Neuanfänge ganzheitlich und erlauben euch, unterstützt durch die beschleunigte Energie, neue Ufer anzupeilen.

Die nächsthöhere Oktave eures Bewusstseins kann nicht mit altem Ballast erklommen werden. Es liegt jetzt also in der Natur der Dinge, dass alle Menschen durch Lernprozesse gehen. Die Verantwortung, diese zu lösen, liegt bei jedem Individuum selbst. Ihr bestimmt mit eurem freien Willen euren Bewusstseinsprozess. Die entsprechenden Energien stehen euch zur Verfügung, ihr habt die Wahl! Vertraut dieser Energie, denn sie führt euch direkt ans Ziel. Dazu müsst ihr euch aber die Muße gönnen, die ihr braucht. Spürt in den Prozess hinein und bittet euer Höheres Selbst, eure Göttlichkeit, um Rat und Führung. Bei aufwühlenden Emotionen ist es ratsam, etwas zu warten, bis eine gewisse Distanz zum Problem erarbeitet ist und ihr aus der Tiefe eures Selbst den nächsten Schritt angehen könnt. Jeder zielgerichtete Schritt, sei er noch so klein, bringt euch Vertrauen in euch und in eure Führung. Ihr seid wirklich nicht allein, müsst nicht alles allein durchstehen. Die Geistige Welt kennt eure Probleme und Ängste und ist gerne bereit, euch unter die Arme zu greifen. Gehen müsst ihr natürlich selbst, doch ist es hilfreich zu spüren, dass man eine Weile an die Hand genommen und geführt wird.

Die neue beschleunigte Energie macht euch die kosmische Liebe bewusst, die alles im Mikro- und Makrokosmos zusammenhält. Diese Liebe wird eure Ängste auflösen, denn Ängste können neben dieser Liebe nicht bestehen, sie lösen sich auf wie Nebelschwaden in der Sonne. Diese beschleunigte Energie hilft euch also wie nie zuvor, eure Probleme zu lösen. Sie trägt euch durch eure Lernprozesse. Wie gesagt, gehen müsst ihr selbst, denn die Verantwortung euch gegenüber liegt bei jedem Einzelnen. Diese Aussagen sollten euch Mut machen, euch euren Problemen zu stellen, sie kühn anzugreifen und zu verarbeiten.

Die Wachstumsschritte, die jeder Einzelne bewerkstelligt, kommen dem Großen Ganzen zu Gute. Eurer Familie, eurer Gesellschaft, eurem Land und der Erde. Wenn ihr also dem Ganzen helfen wollt, wenn ihr Frieden wollt auf Erden, dann beginnt mit der Arbeit bei euch. Wenn ihr in Harmonie mit euch seid, strahlt ihr Frieden aus. Dieser Frieden wird jetzt von allen und dem Ganzen dringend benötigt. Frieden kann nur auf der Basis von Harmonie erarbeitet werden. Eine friedliche menschliche Gesellschaft wird dann zum Kontakt mit ihren Sternengeschwistern bereit sein.

Glaubt nicht, dass das noch Jahrhunderte dauern wird. Nein, denn die jetzige Aufstiegsenergie in die Fünfte Dimension wird euch tragen und führen. Ihr werdet Dinge vollbringen, die ihr kaum zu träumen wagtet. Die Erdenbewohner werden durch diesen Prozess erhöht, am kosmischen Reigen teilnehmen und sich als gleichwertigen Partner einbringen.

Der Krieg der Kriege

Die Menschheit bekämpft einander seit Jahrtausenden, und es geht dabei eigentlich immer um Macht. Der längste Krieg der Menschheit jedoch, der immer noch stattfindet, findet zwischen den Geschlechtern statt. Auch hier geht es um Macht- und Dominanzansprüche. Diese Auseinandersetzung geht jetzt langsam ihrem Ende entgegen und wird durch Partnerschaft abgelöst. Das weibliche und männliche Prinzip haben ganz spezifische Qualitäten die jetzt partnerschaftlich verbunden werden, um ganzheitlich Mensch zu werden. Denn jeder Mensch trägt das Weibliche und das Männliche in sich, ungeachtet seiner Geschlechtszugehörigkeit. Das heißt also auch, dass die innere Auseinandersetzung dieser Kräfte einen Konsens erfahren wird, um sich dann auch im Außen zu manifestieren. Das Gebot der Stunde ist wirklich ganzheitliche Menschwerdung jedes Einzelnen. Dies setzt Verantwortung für sich und die anderen voraus.

Ein Mann wird nie Kinder gebären können, ihm obliegen andere Verpflichtungen. Er wird die schwangere Frau in dieser Zeit schützen, ihre kreativen Attribute unterstützen und sich bei deren Manifestation eingeben.

Das Weibliche ist das empfangende und das Männliche das aktive Prinzip. Um aktiv zu sein, muss man zuerst empfangen. Zum Beispiel müssen Ideen zuerst empfangen, erdacht werden, bevor sie manifestiert werden können. Ein großer Schatz an Talenten liegt in euren Gesellschaften brach und wartet darauf, erschlossen zu werden. Kreative Qualitäten brauchen Ruhe und Stille, um geboren zu werden, damit sie dann im Außen manifestiert werden können. Zwei unterschiedliche Talente, die nur miteinander zum Erfolg führen.

Große, erdverändernde Errungenschaften werden sich durch die Zusammenarbeit der Geschlechter manifestieren. Errungenschaften, die die Menschen und die Erde unterstützen und somit die Neue Erde erschaffen.

Der Konkurrenzkampf zwischen den Geschlechtern löst sich auf, denn diese Energie wird für die Wiedergeburt einer neuen Menschheit und der Erde gebraucht. Keiner kann also diese Transformation an andere delegieren. Jeder Mensch wird davon betroffen und muss das Seine zu diesem Prozess beitragen. Seid also nicht erstaunt, wenn viele Männer weicher und empfänglicher werden und Frauen sich mehr durchsetzen. Jeder Mensch wird an seinen diesbezüglichen Talenten arbeiten, um sie in Harmonie zu bringen. Dieser Prozess ist ja bereits seit einiger Zeit in gewissen Gesellschaften aktuell, er wird aber erdumspannend stattfinden und auch sehr patriarchalische Gesellschaften erreichen.

Die Neue Energie erreicht alle Menschen und transformiert alte Paradigmen, wie auch immer die Gesellschaften aufgebaut sind. Das männliche und das weibliche Prinzip ist eine göttliche Schöpfung – eine EINHEIT.

Eure heiligen Texte wurden von Gott inspiriert, aber vielfach von Männern verfasst. Erkennt die darin enthaltenen Manipulationen. Kein Geschlecht ist dem anderen untertan. Ihr seid alle göttlich, und Gott ist weder männlich noch weiblich.

Der Krieg zwischen den Geschlechtern geht seinem Ende entgegen und wird durch die Harmonisierung des weiblichen und männlichen Prinzips abgelöst. Viel ist noch zu tun, viele Transformationen durchzustehen. Durch die beschleunigte Energie werdet ihr die Ernte eurer Saat erfahren und dem Frieden auf Erden erlauben, sich zu entfalten. Dies wird wahrlich eine der größten Errungenschaften der Menschheit sein und euch helfen, alle anderen Probleme nachhaltig zu transformieren. Eurer Teilnahme im kosmischen Verbund stehen dann Tür und Tor offen. Eure Sternengeschwister unterstützen diesen Prozess und erwarten euch sehnlich. Die Freude wird groß sein, euch in die Arme zu schließen und euch den Platz in der galaktischen Familie zu geben, der euch zusteht.

Der genetische Kode

Der für euch sichtbare genetische Kode besteht aus zwei Strängen. Ihr besitzt aber in Wahrheit zwölf solcher Stränge, die nun entflechtet werden und euch so erlauben, euer multidimensionales Bewusstsein zu entwickeln. Was eure Wissenschaftler bis jetzt nicht entziffern konnten und als Junk DNA betrachteten, hat also sehr wohl seinen Sinn und seinen Zweck. Durch die seit einiger Zeit auf die Erde fließenden beschleunigten Sonnenemanationen wird nun diese DNS ihre ursprüngliche Aufgabe wieder übernehmen.

Die Menschen haben die gleiche DNS wie ihre Sternengeschwister, seid ihr doch die Sternensaat, die der Erde und der Menschheit in ihrer Entwicklung beistehen wollte. Wundert euch also nicht, wenn bei euch plötzlich Talente ans Tageslicht treten, die ihr nicht kanntet - wenn ihr beginnt, euch an eure kosmischen Wurzeln zu erinnern, wenn ihr auf einmal merkt, dass alles miteinander verbunden ist, hier auf Erden und im Kosmos. Die große Illusion der Trennung ist eine drei- und vierdimensionale Qualität, die sich bei eurem Aufstieg in die Fünfte Dimension auflöst. Eure Wissenschaftler beginnen, die Qualität der Verbindung von allem mit allem zu entdecken. Sie wird auch bald in jedem Menschen präsent sein und der Menschheit helfen, ihre Probleme zu lösen. Das männliche und weibliche Prinzip wird im Innen und im Außen miteinander verbunden. Die Entfaltung eures genetischen

Kodes wird die Harmonisierung der Polarität unterstützen. Jeder muss bei sich selbst Transformationsarbeit leisten, doch werdet ihr in eurem Bestreben von der hohen beschleunigten Energie unterstützt. An alten Paradigmen und Kodexen festzuhalten, wird immer schwieriger werden. Zuerst wird dies eine Radikalisierung auslösen, bis sich die entgegenwirkenden Kräfte erschöpft haben und es zu einer Verbindung kommen kann.

Habt Vertrauen in diesen evolutionären Prozess, denn er kann nicht mehr rückgängig gemacht werden. Die kosmische Welle umfängt die Erde und ihre Menschheit und bringt sie auf eine höhere Daseinsoktave. Demzufolge sind die alten gesellschaftlichen Strukturen nicht mehr mit der neuen hohen Energie kompatibel und werden in sich zusammenbrechen. Neue Volksvertreter werden mit progressiven Kräften versuchen, die menschlichen Gesellschaften zu transformieren. Diese neuen Gesellschaften, auf dem Respekt jedes Einzelnen gegründet, werden ihre jeweiligen Traditionen beibehalten, sofern sie jedem Individuum die Freiheit der Entfaltung einräumen. Es wird nicht mehr zwischen Mann und Frau unterschieden werden, sondern das Menschsein wird Vorrang haben. Dies ist keine Utopie, sondern eure nahe Zukunft. Bereitet euch darauf vor, damit ihr ungehindert auf dieser neuen Evolutionswelle reiten könnt. Sie bringt euch ins Paradies Erde, das ihr mit eurer Liebe und eurem Bewusstsein erschaffen habt.

Die Liebe ist der Kern der Botschaft, die ich euch überbringe. Sei es zu euch selbst, zu den anderen, zur Erde oder zu den Sternengeschwistern. Die Liebe wird die neue Essenz eurer Verbindungen zu Allem-was-ist. Die Liebe ist die Energie, die den Mikro- und Makrokosmos zusammenhält, die alles mit allem verbindet. Wir sind also alle eins im EINEN. Sie ist unser göttliches Attribut, Sinn und Zweck unseres Daseins. Sie ist der Grund dieser Botschaften, für die Hilfe eurer Sternengeschwister und den unermüdlichen Einsatz eurer Mitmenschen, die diesen Weg für euch vorbereitet haben. Denn nur als Ganzes in Liebe wird dieser Aufstieg erklommen, werden die Türen des Paradieses geöffnet.

Eure Wissenschaftler werden bald erkennen, dass es noch mehr gibt als die zwei DNS-Stränge. Sie werden in die Tiefen der DNS vorstoßen und Substanzen finden, die sie sich noch nicht erklären können. Vertraut aber eurer Sicht und lasst alte lineare Paradigmen los. Versucht eine Annäherung in multidimensionaler Perspektive. Die Wissenschaft wird in naher Zukunft Quantensprünge in vielen verschiedenen Spezialitäten erarbeiten. Das lineare Denken wird erweitert und in Quantum-Größen hineinstoßen. Ein ganz neues Herantasten, das die Sicht der Dinge verändern wird. Durch den Einfluss der beschleunigten Energie werdet ihr die alten Grenzen eures Denkens sprengen und in multidimensionale Gefilde vorstoßen. Von einem linearen Ansatz der Problemstellung sind auch nur lineare Fakten ersichtlich. Die Zeit arbeitet für euch und wird die alten Denkmuster umstoßen. Ihr erarbeitet immer mehr eine ganzheitliche Sicht der Dinge, und vieles wird für euch einfach nachzuvollziehen sein. Diese Prozesse ereignen sich jetzt in jedem Menschen, aber natürlich sind Spezialisten, für die Denken, Studieren und Forschen zum Alltag gehört, besonders betroffen. In den nächsten fünfzig Jahren werden unglaubliche wissenschaftliche Neuerungen erarbeitet werden und der Menschheit zugutekommen. Durch die Harmonisierung der Polaritäten werden neue Errungenschaften dem Ganzen dienen und nicht mehr zu Kriegszwecken missbraucht. Gewisse Neuerungen werden nur erarbeitet werden können, wenn das Bewusstsein der Menschheit sie auch im Sinne der Erde und der Menschen gebraucht. Eure neue Denk- und Gefühlsweise fließt in alle eure Tätigkeiten hinein. Die Ratio und das Herz bestimmen den Tenor eures Zusammenlebens und eurer Tätigkeiten. Der Mensch und die Erde werden der Mittelpunkt eurer Lösungsansätze sein.

Gier, Neid und Wut gehören zu den alten Paradigmen und werden keinen Platz mehr auf der neuen Erde haben. Ihr werdet euch nach dem Schneeballprinzip weiterentwickeln, da die alten negativen Bremsen nicht mehr existent sind.

Krankheiten und der körperliche Alterungsprozess werden eure Gemeinschaften nicht mehr belasten, da eure ganzheitliche Sicht der Dinge vorbeugend und heilend eingreifen kann. Da jeder Mensch in voller Verantwortung für sich selbst steht, wird er alles unternehmen, um gesund und aktiv zu leben und sich in der Gemeinschaft einzubringen.

Die Menschen werden dadurch ein erfülltes Leben haben, denn Menschsein ist das Motto. Die Gesellschaft, die Ökonomie, die Religionen, die Nationen werden von diesem Gesetz durchdrungen sein, und es wird das Natürlichste der Welt. Ihr merkt, ich spreche von Menschsein und nicht von Frau oder Mann, denn dies ist nur eine Katalogisierung. Das Menschsein muss jedes Individuum in sich selbst erarbeiten. Fühlt in euch hinein und öffnet euer Herz für euch und das Ganze. Unglaublich positive Umwälzungen werden dadurch entstehen und der Erde erlauben, euer Paradies zu sein.

Vom Überfluss

Die Erde, mit der ihr euer Leben teilt, weist eine unglaubliche Fülle in jeder Beziehung aus. Ihr erfreut euch der wunderschönsten, verschiedensten Landschaften und auch der unterschiedlichsten Klimata

Je nach Region habt ihr andere Traditionen und Rituale entwickelt. Die Flora und Fauna sind so unterschiedlich, wie es die Menschen sind. Eine unglaubliche Fülle an Lebewesen, die jetzt gemeinsam mit Mutter Erde diesen Aufstieg in die Fünfte Dimension unternehmen. Wenn ihr bedenkt, dass die ansteigenden Energien jetzt alles durchdringen, könnt ihr euch vorstellen, dass sich große Veränderungen bei euch, in der Natur und auf der Erde anzeigen. Ihr seid seit einiger Zeit schon diesen beschleunigten Energien ausgesetzt, was sich schon im Zusammenbrechen eurer alten Paradigmen zeigt, seien sie gesellschaftlich, religiös oder ökonomisch. Diese alten Paradigmen müssen jetzt neuen Strukturen Platz machen. Dies ist ein Prozess, der seine Zeit braucht. Ihr werdet euch aber weltweit kreativ für neue Lösungen einsetzen und merken, dass ihr eure Probleme nicht national lösen könnt, sondern globale Ansätze suchen müsst.

Ihr seid *eine* Menschheit hier auf diesem Planeten und merkt jetzt, wie sorgsam ihr mit der Erde umgehen müsst. Sie ist euer Zuhause, eure Heimat. Durch die klimatischen Katastrophen habt ihr gemerkt, dass alles zusammenhängt, und ihr für das Ganze in Verantwortung seid. Egoistische territoriale Entscheidungen sind jetzt nicht mehr tragbar. Nationen, ja, Kontinente übergreifende Lösungsansätze werden von euch erarbeitet werden. Dies betrifft nicht nur das Klima und die Ausbeutung der Erde, sondern wird auch die vielen unterschiedlichen Populationen zu einer Menschenfamilie vereinen. Wie in jeder Familie lernt man, die Unterschiede zu respektieren, die Talente untereinander zu fördern und die Schwächen gegenseitig zu tragen. Denn eure gemeinsame Basis, euer Zuhause, ist der Planet Erde, Gaia oder Terra. Diese Zugehörigkeit, diese Symbiose, wird in den Köpfen der Menschen immer klarer.

Die Frauen haben durch die Geburtsrhythmen und ihre Menstruation einen direkteren Zugang zur Erde, und ihre Talente werden für die Menschheit von unschätzbarer Hilfe sein. Ja, sie werden zu Hebammen der Wiedergeburt der Erde in eine höhere Daseinsoktave. Befreit eure Frauen, damit sie ihr großes Potenzial ausleben können, und ihr Männer: Unterstützt sie und setzt ihre Ideen um. Es wird allen zugute kommen. Vom Privaten bis zum Globalen. Eure zukünftigen Generationen werden eure erarbeiteten Talente, eure Fähigkeit, über den Tellerrand zu schauen, in ihren Genen haben und ihrerseits weiterentwickeln. Die symbiotische Beziehung der Erde mit ihren Menschen wird allen die ersehnte Fülle bescheren: das Goldene Zeitalter der Erde und der Menschheit.

Es ist nicht wie im Schlaraffenland, wo euch alles von oben in den Schoß fällt. Nein, ihr müsst, natürlich mit Unterstützung der beschleunigten Sonnenemanationen, selbst tatkräftig an eurem Leben und Erbe mitarbeiten. Eine Menschheit, die sich einem ganzheitlichen Leben zuwendet, die Respekt und Liebe in ihre Tätigkeiten einfließen lässt, wird wahrlich Quantensprünge bewirken. Durch die beschleunigte Energie sind bereits große Teile der Menschheit sensibilisiert, und euer Ziel kommt immer näher. Vertraut diesem Schneeballprinzip. Es wird sich alles exponentiell entwickeln und eure Träume wahr werden lassen.

Die Fülle in all ihren Facetten wird euer Erdenleben bereichern, und ihr werdet sie genießen, weitergeben und fließen lassen.

Die anstehenden Veränderungen werden das Zusammenleben und den Alltag auf Erden harmonischer und leichter gestalten. Lasst also das Alte los und konzentriert euch auf kreative Lösungen eurer Probleme. Mitunter werdet ihr knifflige Strukturen zu verändern haben, die euch seit Jahrhunderten begleiteten und zu eurer Tradition gehören. Aber glaubt mir, gewisse Traditionen sind jetzt unglaubliche Bremsen in eurer weiteren Entwicklung. Sie passen nicht mehr zum Neuen Menschen, zu dem ihr euch entwickelt. Es werden schmerzhafte Prozesse stattfinden, die euch aber mehr Freiheit bringen und das Miteinander auf Erden unterstützen werden. Alte Paradigmen können mit brachialer Gewalt zerstört werden oder sich prozessorientiert Schritt für Schritt ereignen. Es liegt in eurer Hand, wie ihr mit den Neuerungen umgehen wollt. Ihr seid hier auf Erden in der Verantwortung, und niemand kann euch diese Bürde abnehmen. Der einfachste Weg ist sicher, sich selbst zu verändern und diese Neue Energie dann in sein Umfeld einfließen zu lassen. Es sind ja alle Menschen betroffen. Je mehr Menschen sich den Veränderungen stellen, desto schneller und wirksamer werden neue Strukturen geboren werden. Wenn ihr also zum Beispiel in eurem Selbst die männliche und weibliche Seite in Balance haltet, werdet ihr dies in eure Familie, in euer Umfeld einfließen lassen. Alte Strukturen werden so automatisch überdacht und neue erarbeitet werden müssen. Dieser Prozess wird euch alle freier machen und am Überfluss der Erde beteiligen. Die Erde gehört allen Menschen, wo auch immer sie wohnen und beheimatet sind.

Die Erdenbewohner werden nicht homogen, sondern ihre Unterschiedlichkeit ist auch ihr Reichtum, wie es die galaktischen Zivilisationen sind. Es ist die Herzensenergie, die alle und alles verbindet, die Schwierigkeiten überbrückt und gemeinsame Lösungsansätze findet. Öffnet zuerst euer Herz für eure eigenen Belange und lasst dann diese Energie in euer Umfeld fließen. Die Resonanz eurer Umgebung wird euch erstaunen. Die Herzensenergie wird euch diese mitmenschliche Fülle bringen und das Miteinander fördern, denn das Gegeneinander hat ausgedient. Kriege und kriegerische Zerstörungen gehören bald eurer

Vergangenheit an. Mit Wärme und Mitgefühl werdet ihr einander begegnen und die Fülle eurer Unterschiedlichkeit begrüßen. Dieses neue Goldene Zeitalter wird in alle Facetten menschlicher Begegnungen fließen und sie bereichern. Der Zusammenhalt der Erdenbewohner wird sich über das Herz erarbeiten, denn nur diese Herzensqualität garantiert euch eine friedvolle Zukunft. Die Liebe ist ein Menschenrecht, ein unabdingbares Gut, die Essenz jeden Lebens, ob hier auf Erden oder im Kosmos. Beansprucht jetzt dieses essentielle Recht für euch selbst, denn es ist eure Grundnahrung. Ohne Liebe seid ihr nur in einem Überlebensstatus! Ich habe betont „für euch selbst", denn dies ist die Quintessenz. Sucht die Liebe nicht im Außen, sondern in euch und entdeckt und verbreitet die Fülle, die euch innewohnt. Ihr werdet dadurch unverletzlich und eigenständig.

Ein Liebespaar, das sich unter diesen Voraussetzungen wählt, wird sich gegenseitig die Freiheit und Unterstützung geben, die es braucht, um sich wahrlich partnerschaftlich zu verbinden. Die neuen Liebesbeziehungen werden also kein Ersatz mehr sein für ein eigenes Liebesvakuum.

Ihr seht, die momentanen Veränderungen finden nicht nur im Außen statt, sondern betreffen eure tiefen persönlichen Schichten. Wie die Materie von der neuen Energie ganz durchdrungen wird, wird es auch eure Psyche. Ihr steht vor einer radikalen Wende im Innen und im Außen, vor der Neugeburt der Erde in eine höhere Daseinsoktave und vor der Entwicklung des Menschen zur höheren Adam Kadmon Rasse.

Begreift ihr jetzt, welch große Gnade es ist, jetzt auf Erden zu leben, diese Wiedergeburt mitzuerleben und mitzugestalten?

Die Befreiung

Die Neuerungen, die ich euch erklärt habe, werden einen Prozess der Befreiung in eurer Psyche auslösen, aber auch in eurem Alltag, in der Handhabung eurer täglichen Verrichtungen, und dies wird sich auch global auswirken. Die Umsetzung vieler Strukturbereinigungen und Neuerungen wird viel weniger Zeit und Arbeit in Anspruch nehmen wie zu alten Zeiten. Es wird jetzt eine ganzheitliche Befreiung für jedermann eingeleitet und euch auf eine höhere menschliche Daseinsstufe bringen. Ihr werdet mit Erstaunen feststellen, wie für alte langwierige Probleme auf einmal ein Konsens und für stark polare Meinungen und Absichten eine für alle tragfähige Lösung gefunden wird. Die jetzt stark beschleunigte Energie verhilft euch dazu, alte strukturelle Krusten aufzulösen und kreativ an neuen Lebensmodi zu arbeiten. Durch diese Energie wird sich jetzt Schritt für Schritt die Spannung zwischen den Polaritäten harmonisieren. Rivalisierende Parteien werden sich jetzt nach und nach an einen Tisch setzen und für alle Parteien mögliche Lösungen erarbeiten. Das sind keine Wunder, die da geschehen, sondern es ist die Entwicklung der Menschheit in eine höhere Daseinsebene.

Natürlich wird jetzt jeder Mensch gefordert, diese Neue Energie in seinem Körper und in seiner Psyche zu integrieren. Er wird mitunter mit Anpassungsschwierigkeiten konfrontiert, wie zum Beispiel mit auftretenden Schmerzen, die er nicht einordnen kann, oder mit Gefühlsausbrüchen, die ihm fremd sind. In solchen Fällen ist es ratsam, in die Stille zu gehen und seine Mitte zu finden. Vertraut diesem Prozess und spürt in euch hinein. Unterstützt euren Körper mit Ruhe, angemessener Ernährung und Bewegung. Jeder Mensch weiß instinktiv, was ihm guttut. Hört auf die Signale eures Körpers und gebt ihm, was er braucht. Euer Körper muss sich auf den Dimensionswechsel vorbereiten und nach und nach die höhere Energie integrieren. Seine ganze atomare Struktur schwingt seit einiger Zeit schon schneller, und dieser Prozess beschleunigt sich noch stark in dieser Transitionszeit in die Fünfte Dimension. Alle eure Altlasten, die ihr jetzt transformiert, werden als Schlacken von eurem Körper abtransportiert. Unterstützt ihn dabei mit entsprechenden Therapien.

Euer Körper ist eure Manifestationsmöglichkeit hier auf Erden. Geht respektvoll und unterstützend mit ihm um. Er ist Teil dieser Einheit, die ihr ICH nennt, Körper, Geist und Seele. Eure Seele befindet sich im multidimensionalen Raum, und euer Geist und euer Körper bewegen sich nun auch in eine höhere Dimension. Ein Unterfangen, das langsam und gekoppelt mit eurem Bewusstseinsstand stattfindet. Noch nie war es auf Erden möglich, einen solchen Dimensionswechsel mit dem lebenden Körper zu vollziehen. Deshalb ist es so wichtig, die Rahmenbedingungen zu beachten und bewusst an diesem Prozess mitzuarbeiten. Das heißt, die Neue Energie immer wieder zu integrieren und sich und den Körper in der neuen Realität zu stabilisieren. Zur Stabilisierung eures Selbst lege ich euch Mutter Erde ans Herz. Auch sie muss ständig die Neue Energie integrieren. Nehmt Kontakt mit ihr auf! Geht viel in die Natur! Erdet euch! Sie wird euch eine große Stütze sein und euch lehren, physisch und psychisch auf dieser Energiewelle zu reiten. Die Welle wird euch dorthin führen, wo ihr hin müsst. Eure Aufgabe besteht eigentlich nur im Stabilisieren eures Selbst im Hier und Jetzt. So werdet ihr automatisch in die Fünfte Dimension gespült.

Für sehr viele Menschen wird diese Herausforderung einen neuen Bewusstseinsstand mit sich bringen, aber viele werden auch in der alten Energie bleiben wollen. Sie werden sich den Neuerungen verschließen und am Status quo festhalten. Aus seinem Gefängnis auszubrechen, ins Unbekannte, Neue vorzustoßen, ist sicherlich nicht einfach und braucht Mut und Vertrauen. Mit der gegenwärtigen hohen Energieausschüttung gleicht ein „Stehenbleiben" im Alten aber einem „Gegen- den-Strom-Schwimmen" und ist demzufolge sehr anstrengend und erschöpfend. Ja, in manchen Fällen sogar tödlich.

Ich rate euch sehr, mit allen Sinnen diese einzigartige Zeit hier auf Erden zu genießen und euch von eurem Gefängnis zu befreien. Das vor euch liegende Neue wird euch immer mehr zu euch selbst zurückführen. Zu dem, was ihr in Wirklichkeit schon immer wart. Ihr geht großartigen Zeiten entgegen. Zeiten der Erfüllung in jeder Beziehung. Ihr nennt es Paradies oder Garten Eden.

Ein neues Millennium der Superlative

Seit einigen Jahren seid ihr ins neue Millennium ein-
getreten. Veränderungen gehören nun zur Tagesordnung,
und ihr habt euch schon etwas daran gewöhnt. Die Ge-
schwindigkeit der sich ereignenden Ereignisse verlangt
von euch große Flexibilität und Stabilität im Alltag. Ihr
werdet immer mehr lernen müssen, im Hier und Jetzt zu
leben, denn die Vergangenheit ist abgekoppelt und die Zukunft immer schwieriger zu erahnen. Das Leben im Hier
und Jetzt ist die Quintessenz des Lebens. Sie bringt euch
Stabilität, und Ängste lösen sich auf. Große nachhaltige
Taten können aus dieser Ruhe geboren werden. Taten, die
frisch und unvoreingenommen von alten, der Vergangenheit zugehörigen Richtlinien sind. Ihr könnt in diesem Zustand direkt vom Universellen schöpfen und habt Zugang
über eure Intuition zu Sphären, die euch sonst verschlos-
sen sind.

Da alles mit allem verbunden ist, könnt ihr ungewöhn-
liche Lösungen für eure Probleme finden und neuartige
Konzepte entwickeln. Ein ganz neues Denken wird sich
entfalten. Ein Empfangen von Denkanstößen aus anderen
Sphären. Eure Wissenschaftler werden diese neue Hilfe
beanspruchen und großartige Neuerungen entwickeln,
die der Menschheit von enormen Nutzen sein werden. Die
großen Erfindungen wurden ja schon auf der alten Erde
intuitiv wahrgenommen. Dies wird jedoch auf der neuen
Erde ganz normal sein. Diese Hilfe und Gabe beschrän-

ken sich natürlich nicht nur auf Wissenschaftler, sondern auf alle kreativ tätigen Menschen, sei es in der Kunst oder im gewöhnlichen Alltag.

Durch die nun immer stärker schwingende Energie wird sich der Schleier, der euch von anderen Dimensionen trennte, auflösen. Dadurch erweitert sich jetzt eure Sicht täglich, und ihr werdet eine höhere oder breitere Perspektive der Dinge wahrnehmen. Ihr werdet euch dadurch im Universum eingebettet fühlen und Zugang zu Allem-was-ist haben. Ein unvorstellbarer Reichtum in allen Sparten wird sich euch erschließen. Das universelle Wissen wird auf die Erde ausgeschüttet, die Menschheit heilen und ihr helfen, sich als kosmisches Wesen zu verstehen. Die Auferstehung der Menschheit, ihre Heimkehr zu ihren Sternengeschwistern, die Reife der Sternensaat hier auf Erden.

Die Ernte eurer jahrtausendealten Bemühungen werdet ihr alle voll auskosten und euch als multidimensionale Wesen im Ganzen einbringen.

Der Kontakt mit euren Sternengeschwistern wird euer Leben auf Erden stark vereinfachen, denn sie werden euch neue Techniken lehren, zum Beispiel in der Förderungen des Miteinanders, in der Kommunikation, in der Transportindustrie oder in der Heilkunst. In diesem Segment werden vor allem in der Prävention großartige Durchbrüche stattfinden. Der Mensch wird lernen, zu seiner eigenen Freude und zur Entlastung der Gesellschaft, seinen Körper jung und gesund zu erhalten. Degenerative Erkrankungen werden verschwinden und genetische geheilt werden. Jeder Mensch wird die volle Verantwortung für sich selbst, physisch wie psychisch, übernehmen und sich in seiner Gesellschaft und dem Ganzen einbringen.

Die Entwicklung der Menschheit seit dem Millenniumwechsel ins erste Jahrtausend war sehr groß. Dieses neue Millennium aber wird euch unvorstellbare Entwicklungen bringen. Diese Neuerungen beziehen sich nicht nur auf Technik und Lebensqualität, der Mensch wird die größten Veränderungen in sich selbst erfahren. Die Motivation, in allen Lebenslagen Herzensqualität zu haben, und die Harmonisierung der Gefühle sind die Folge. Neid, Hass, Wut, Aggression usw. werden sich auflösen und der neuen Energie nicht mehr standhalten können.

Schon beim endgültigen Übertritt in die Fünfte Dimension im Dezember 2012 werdet ihr über eure zwischenmenschlichen Fortschritte erstaunt sein. Sie werden sich exponentiell weiterentwickeln und euch das Goldene Zeitalter bescheren.

Der Mensch und die Erde werden das Zentrum der neuen Ära sein. Menschenwürdige, erfüllte Leben werden allen zuteil, der Reichtum allen zugänglich. Das Elend der alten Erde wird aufgelöst. Die Polarität Reich – Arm, Gebildet – Ungebildet usw. wird harmonisiert. Dies wird enorme positive Energien in jedem von euch freisetzen und euch erlauben, euer Leben frei zu gestalten. Druck und Stress werden zu Fremdworten einer vergangen Zeit.

Eine Menschheit, die sich frei entfalten kann, die aus dem Herzchakra agiert, wird alles unternehmen, um sich untereinander zu verbinden und auszutauschen. Diese multikulturelle Gesellschaft ist ein großer Schatz der Erde, ein Reservoir an Talenten und kreativen Implementierungen. Jede Kultur wird das Ihrige beitragen, zum Wohl der Menschheit und der Erde. Die Menschen werden sich als globale Erdenfamilie verstehen und dann auch bereit sein, die Grenzen ihres Planeten zu sprengen und in den Raum vorzustoßen. Der Kontakt mit ihren Sternengeschwistern des Lichts wird ihnen die Zugehörigkeit des Alls erschließen und ihnen die Möglichkeit geben, sich an den galaktischen Räten zu beteiligen und ihre Anliegen zu präsentieren.

Der Mensch muss sich also zuerst in eine höhere Daseinsoktave entwickeln, um die galaktischen Tore zu durchschreiten.

Invasion, Ausbeutung, Besetzung, kriegerische Unternehmen – alles Fremdworte. Ja, unglaublich, aber in sehr kurzer Zeit werdet ihr diese Worte und Taten nicht mehr kennen. Der Mensch macht wirklich einen großen Evolutionssprung, unterstützt durch die kosmische Schwingung. Liebende Herzen streiten, kämpfen und töten nicht. Liebende Herzen übernehmen Verantwortung für ihre Taten und unterstützen einander. Ich weiß, dies tönt alles sehr unwahrscheinlich, wie im Märchen. Vertraut mir, ihr seid jetzt auf diesem Weg in eure Zukunft, die gar nicht mehr so weit entfernt liegt.

Die Fauna und Flora der Erde werden die Menschen unterstützen, und ihr werdet merken, dass eure neue Ausstrahlung eure ganze Umgebung nährt. Ihr werdet zusammen mit den Erdgeistern, Feen und Gnomen das Land bebauen, ihre Unterstützung haben. Indem ihr eure symbiotische Zugehörigkeit zur Erde begreift, werdet ihr mit ihr gemeinsam Mangelerscheinungen in gewissen Regionen beheben, zum Beispiel durch die Energetisierung der Äcker oder im Rufen des Regens. Die Gene eurer irdischen Bevölkerungen kennen diese Rituale. Sie kennen die Wesenheit von Mutter Erde gut und werden euch helfen. Ihr entwickelt euch ins Licht und schöpft aus euren Wurzeln, um so ganzheitlich euren Anteil am Ganzen beizusteuern. Alle Talente die ihr in vielen Inkarnationen gelernt und angewendet habt, stehen euch jetzt zur Verfügung. Seid also nicht erstaunt, wenn ihr euch plötzlich erinnert.

Eure DNS beherbergt eure ganz persönliche Geschichte mit der Erde und auch mit dem Kosmos. Dieser Schatz steht euch zur Verfügung. Die jetzt sehr beschleunigende Energie wird das Ihrige beisteuern und euch Schritt für Schritt an euer Potenzial bringen. Vergesst nicht, ihr entwickelt euch jetzt zu einem multidimensionalen Wesen.

Die Einschränkungen und Behinderungen der Dritten und Vierten Dimension sind sehr bald überwunden, und ihr werdet wiedergeboren in der Fünften Dimension.

Eine Dimension, die ihr auf der Erde nicht kennt und zuerst in eurem Körper, in eurem Alltag integrieren müsst. Diese Dimension wird sich sehr von Bekanntem unterscheiden. Freut euch also, euren Weg weiter ins Licht zu gehen. Die Mühsal ist bald überstanden. Das Tor in die Fünfte Dimension ist offen, euch zu empfangen. Mutter Erde und ihre Menschen erleben ihren glanzvollen Aufstieg in eine höhere Daseinsoktave.

Machtansprüche

Egoistische Machtansprüche sind euer und der Allgemeinheit größter Feind. Dieses Szenario geht seinem Untergang entgegen, sei es in gesellschaftlicher, ökonomischer oder religiöser Hinsicht. Dies wird enorme Umwälzungen mit sich bringen, die jeden Einzelnen tief treffen werden. Der Mensch muss jetzt lernen, in seiner Verantwortung zu stehen. Er ist die Autorität in seinem Leben und kann keine Hilfe mehr im Außen finden. Er wird sich zwar im Außen austauschen, doch seine Sinnfindung wird er bei sich, in seinem Inneren, suchen. Das wird vorerst ein vorsichtiges Abtasten und zum Teil chaotische Zustände mit sich bringen, doch schlussendlich wird jedes Individuum in sich selbst erstarken und seinen Teil an der Mitschöpferschaft beitragen.

Es stehen euch also große umwälzende Prozesse bevor, die einige Zeit in Anspruch nehmen werden. Geht geduldig euren Weg weiter ins Licht und vertraut eurem ganz persönlichen Prozess. Er wird euch euer multidimensionales Potenzial erschließen und euch zu dem machen, was ihr schon immer wart: kosmische Mitschöpfer.

Bei einem späteren Rückblick werdet ihr kaum glauben können, wie unmündig und hilflos ihr noch vor einigen Jahren wart. Dieser euer neuer Selbstwert wird in euch gewaltige Energien freisetzen, die ihr für euch, eure Gesellschaft und die Erde einsetzen werdet. Das tiefe Erkennen eures Selbst wird euch zu euren persönlichen Talenten, zu eurem Potenzial führen. Dies wird einen kreativen Austausch auslösen, zum Wohl aller. Ihr wagt kaum zu träumen,welche Talente in euch schlummern, die nur darauf warten, endlich befreit zu werden. Ihr habt alle unzählige Inkarnationen hier auf Erden oder im Kosmos in eurer DNS registriert. Inkarnationen, in denen ihr eine Vielfalt von Talenten erlernt und ausgeübt habt. Dieses Potenzial wird sich in den nächsten Jahren Schritt für Schritt entfalten und euch und der Erde zur Verfügung stehen. Wahrlich, ein riesiger Reichtum, der jetzt euren Gesellschaften erschlossen wird. Habt den Mut, eure Talente freizulegen und sie zu gebrauchen. Brecht eure Begrenzungen auf und beginnt euch von einer multidimensionalen Perspektive aus zu betrachten. Verlasst eure engen Denkschubladen und lasst Weite und unbegrenzte Möglichkeiten zu.

Dieser Prozess wird nicht nur einige wenige Menschen ereilen, sondern es ist ein globales Unterfangen. Die Erweiterung eures Menschseins wird sich exponentiell ereignen. Der Reichtum aller wird ausgetauscht werden, und alle werden teilhaben können an den Schätzen jedes Einzelnen. Vergesst nicht, wir sind alle miteinander im EINEN verbunden. Unsere Mitschöpferschaft gereicht unserer Quelle zur Ehre.

Als multidimensionale Wesen sind wir alle, im Kosmos und auf der Erde, miteinander verbunden. Wir alle arbeiten mit unseren Schätzen an der Vervollkommnung des Lichts des EINEN. Die himmlischen Seraphim haben die Erde übernommen und gehen mit ihr weiter bis in alle Ewigkeit.

Besitzansprüche

Wie ihr wisst, könnt ihr bei eurem Ableben eure materiellen Reichtümer nicht mitnehmen. Diese sind nur ein Lernprozess in eurem Leben. Sie erlauben euch, eure Tätigkeiten und Unternehmen zu vollbringen, sie geben euch eine gewisse Freiheit, euer Leben zu gestalten, Projekte zu erarbeiten und zu unterstützen und die materielle Fülle zu genießen. Lasst diese Fülle fließen, damit sie sich weiterentwickeln und auch anderen zugutekommen kann. Gieriges Horten und Anhäufen entspricht einem Sicherheitsdenken, das ihr bald ablegen könnt. Ihr seid nur so sicher, wie es die ganze Menschheit ist. Wenn der Reichtum der Erde allen Menschen zugänglich ist, wenn sich die Polarität in eurer ökonomischen Welt harmonisiert, werden die Worte Gier, Raffen, Anhäufen, Neid und Missgunst keine Basis mehr haben und aus eurem Wortschatz verschwinden. Die erarbeitete materielle Fülle wird allen zur Verfügung stehen und unterstützen.

Der Zusammenbruch eurer alten ökonomischen Paradigmen zeigt euch jetzt schon auf, dass sie mit der neuen hohen Schwingung nicht kompatibel sind. Neue Strukturen werden jetzt nach und nach aufgebaut und sich dem neuen Menschen und der neuen Erde anpassen. Fundamentale Veränderungen stehen bevor, die die ganze Menschheit betreffen werden. Euer emotionaler und rationaler Wissensreichtum wird in die neuen Paradigmen eingebaut und ganzheitliche Formen annehmen. Herzensqualität wird auch in diesem Gebiet Einzug halten. Es wird eine neue Ökonomie *für* die Menschen und die Erde gestaltet und nicht mehr gegen sie. Die Allgemeinheit wird berücksichtigt und nicht mehr nur einige wenige. Ihr werdet in dieser Beziehung in den nächsten Jahren sehr kreativ sein müssen, denn die steigende hohe Schwingung wird nur kompatible Strukturen zulassen. Seid also darauf gefasst, dass die neuen Strukturen der neuen Energie immer wieder angepasst werden müssen, wollen sie eine Überlebenschance haben. Geld ist Energie, lasst sie fließen.

Besitzansprüche, wie ihr sie heute noch kennt, werden Neuem weichen. Ihr werdet getragen sein von dieser globalen erarbeiteten Fülle. Dies wird euch die Sicherheit geben, die ihr braucht, und euch anspornen, euren Teil dazu beizutragen.

Was ihr jetzt unter Besitz versteht, geht manchmal weit darüber hinaus, was ihr für ein sicheres, gemütliches Leben braucht. Besitz kann euch auch besitzen, das heißt, dass er euch unfrei, träge und unbeweglich macht. Die Neue Energie wird es nicht mehr erlauben, an materiellen Gütern verhaftet zu sein. Da alles immer höher schwingt und somit eine Vergeistigung der Materie eintritt, werden Besitzbedingungen lockerer, denn alles ist mit allem verbunden.

Was „gehört" denn jetzt wem? Es wird ein grenzenloser Austausch stattfinden. Mein und Dein wird harmonisiert. Für euch momentan noch eine schwierige Vorstellung, doch es wird nicht von einem Moment zum anderen eintreten, sondern ist ein bewusstseinsmäßiger Prozess, der mit der Erhöhung der Schwingung einhergehen wird. Ihr werdet, bildlich gesprochen, in diese neue Qualität hineinwachsen. Es werden keine Enteignungen und Kämpfe stattfinden, sondern sich eine Durchlässigkeit der „Besitzansprüche" einstellen. Wie gesagt, es wird ein harmonischer Wachstumsprozess, der mit der Erhöhung der Energie Schritt hält. Je vergeistigter die Materie wird, desto grenzenloser ist sie. Dies sind fünfdimensionale Aspekte, in die ihr nach und nach hineinwachsen werdet.

Beim Voranschreiten in die Fünfte Dimension werden viele alte Bedingungen und Aspekte aufgelöst. Es reift wirklich eine neue Ära heran, darum sehen wir sie als Wiedergeburt der Erde in einen neuen Zyklus. Vergesst nicht, dass der Mensch sich ja auch in diese Richtung entwickelt. Es ist wie die Öffnung eines Tores, das euch lange behindert hat, euch frei zu bewegen. Ihr beurteilt diese Entwicklung jetzt aus einer drei- oder vierdimensionalen Perspektive, aber glaubt mir, in der Fünften Dimension werden Paradigmen fundamental geändert werden und nicht einfach nur angepasst. Es ist wie mit euren Kinderschuhen, die ihr auch nicht mehr anziehen könnt, weil ihr aus ihnen hinausgewachsen seid. So ähnlich werdet ihr viele Bedingtheiten loslassen, um die neue Oktave voll genießen zu können.

Die Erde wird zum Paradies, Himmel und Erde verbinden sich. Das habt ihr sicher schon über die Fünfte Dimension gehört. Ja, könnt ihr euch denn dort Zäune und Gitter vorstellen? Kaum, nicht wahr? Ich sehe, wie ihr schmunzelt.

Das Morgen und das Übermorgen

Bis zur Sonnenwende im Dezember 2012 wird die Energie, die von eurer Sonne auf die Erde geflutet wird, noch stark zunehmen und euren Alltag beeinflussen, denn es ist die Zeit der Veränderungen. Alte Strukturen brechen auseinander und neue müssen kreiert werden. Da sich die Energie aber immer wieder erhöht, müssen in dieser Zeit auch immer wieder Anpassungen an den neuen Strukturen vorgenommen werden. Ein Entschluss kann bald schon nicht mehr tragbar sein, und neue Möglichkeiten müssen in Betracht gezogen werden.

Dies ist eine Zeit der Unruhe, denn immer wieder müsst ihr erneut an eurem Lebensplan arbeiten, neue Gegebenheiten akzeptieren und Altes wieder loslassen. Es ist ein ungeheures Training eurer Flexibilität. Rückzug in alte Strukturen ist nicht mehr möglich, da euch allen dieses psychisch arg zusetzen wird. Darum ist es so wichtig, dass ihr Bescheid wisst, warum dies alles geschieht. Es wird euch helfen, auf dieser Energiewelle zu reiten und Vertrauen in diesen Prozess zu entwickeln.

Die Erde wechselt die Dimension, in der sie jetzt beheimatet ist. Sie rückt näher an die Zentralsonne heran und erhält so über ihre eigene Sonne viel mehr Licht. Dies ist ein kosmischer Prozess – das ganze Sonnensystem ist davon betroffen. Ihr werdet in Zukunft mehr im galaktischen Bereich eingebettet sein, und die energetische Interaktion mit eurer Nachbarschaft wird erfahrbar werden. Es findet eine energetische Erhöhung des ganzen galaktischen Sektors statt.

Euer Körper muss diese beschleunigte Energie bis in jedes Atom integrieren. Ihr habt jetzt die Chance, diesen Dimensionswechsel mit eurem Körper zu bewerkstelligen. Dies ist sicher nicht einfach, denn ihr werdet von ihm herausgefordert werden. Er wird seinen Teil von euch fordern. Hinterfragt deshalb euer Unwohlsein, eure plötzlich auftretenden Schmerzen, eure Krankheiten. Was will euer Körper euch mitteilen? Braucht er nur Ruhe, um die energetische Integration zu bewerkstelligen, oder braucht er Heilung von nicht mehr lebensfähigen Mustern? Es ist ratsam, euch jetzt sehr um eure Physis zu kümmern, damit ihr mit eurem Körper diesen Dimensionswechsel vollziehen könnt. Euer Körper gibt euch die einmalige Chance, biologische Mutationen größeren Ausmaßes lebend mitzuerleben und mitzugestalten. Das Wort Mitschöpferschaft wird nun wirklich gelebt werden. Ihr seid, was ihr denkt und fühlt. Welch große Verantwortung, aber welch einmalige Chance. Euer Körper ist stetig im Wandel. Übernehmt das Ruder und erschafft euch den Körper, den ihr wünscht und der euch unterstützt. Niemand als ihr selbst bestimmt, nur ihr seid in eurer Verpflichtung. Ihr seid euer eigenes Schicksal.

Die Energie wird stetig ansteigen, bis die Erde den Energiepegel erreicht hat, den sie benötigt, um den Dimensionswechsel zu vollziehen. Alle Menschen werden mit dieser Energie umgehen müssen, aber jeder einzelne Mensch entscheidet, ob er diesen Dimensionswechsel vollziehen will. Dieser Aufstieg in die Fünfte Dimension wird von den bewussten Menschen selbst initiiert. Es kann kein Mensch diese Transition für einen anderen gehen oder ihn mitnehmen. Deshalb ist es jetzt so wichtig, euch mit euren eigenen Bedürfnissen auseinanderzusetzen. Ihr könnt nur durch euch selbst leben und euch verändern.

Nach dem Aufstieg in die Fünfte Dimension wird die Energie weiter beschleunigt, aber nicht mehr so stark wie in der Transitionsphase. Ihr werdet die Zeit brauchen, um euch an diese hohe Energie zu gewöhnen und sie zu integrieren. Neue Paradigmen in allen Lebensbereichen werden erschaffen, neue Techniken entdeckt und die Gesellschaften neu strukturiert werden. Ihr seid sozusagen auf einer neuen Ebene angekommen. Wie bei einer Geburt üblich, stehen euch große Lernphasen bevor. Eine höher schwingende, vergeistigte Materie ist anderen Gesetzmäßigkeiten unterworfen. Zudem werdet ihr von einem linearen zu einem non-linearen Zeitalter wechseln. Alles wird verstärkt im Hier und Jetzt vorhanden sein. Das wird euch dann ganz klar bewusst sein. Die neuen Gesetzmäßigkeiten werden euch erlauben, große wissenschaftliche Entdeckungen und Neuerungen voranzutreiben. Euer Weltbild wird revolutioniert und euch Antworten geben auf Fragen, die euch schon lange beschäftigten.

Die Harmonisierung der Polaritäten wird enorme Kraftreserven in jedem Einzelnen freimachen und ihm erlauben, voll und ganz in seiner Verantwortung zu stehen.

Die fünfdimensionale Energie wird weiter zunehmen und euch dieses „Goldene Zeitalter" bescheren, das in euren Schriften vorhergesagt wurde. Dies ist ein Prozess, an dem die nächsten Generationen teilhaben dürfen.

Der drei- und vierdimensionale Aspekt der Trennung wird überwunden sein. Ihr werdet erkennen, dass alles mit allem verbunden ist, dass wir alle eins sind im EINEN. Der Kosmos und die Erde werden eins und der daraus resultierende Austausch mit euren Sternengeschwistern Alltag. Raumfahrt, Entmaterialisieren und Materialisieren, bei euch als „beamen" bekannt, erlernbar oder anwendbar.

Euch Neuerungen aufzuzeigen ist schwierig, da ihr sie aus einer drei- und vierdimensionalen Perspektive erfasst. Zudem fehlt zurzeit der entsprechende Wortschatz.

Begnügt euch also im Moment mit kurzfristigeren Perspektiven und habt Vertrauen in diesen einmaligen Prozess des Aufstiegs ins Paradies Erde, in einen neuen phänomenalen Erdenzyklus.

Die Sonnenseite des Lebens

Sicherlich habt ihr momentan große Transformationen in eurem privaten Leben wie auch global durchzustehen. Doch vergesst nicht, euer Leben trotzdem in vollen Zügen zu leben und zu genießen. Eure Sinnlichkeit wird euch die Sonnenseite des Lebens zeigen, sei es ein schöner Sonnenaufgang, ein Regenbogen, die kleinen täglichen Aufmerksamkeiten, ein Lächeln, eine Zärtlichkeit usw. Dies ist keine trostlose Zeit, im Gegenteil. Ihr werdet auf euch selbst zurückgeworfen, auf das, was ihr in jedem Moment fühlt, auf das Hier und Jetzt. Seid nicht beunruhigt durch chaotische Zustände, sondern schaut wieder die kleinen Alltäglichkeiten an, die euch umgeben und stützen, und seid dankbar für diese ereignisreiche Zeit, die ihr jetzt auf der Erde erlebt. Es ist spannend, in neue Bereiche vorzustoßen und Begrenzungen zu sprengen.

Neue Weggefährten werden euch eine Weile auf eurem Weg begleiten. Der gegenseitige Austausch wird euch befruchten und helfen, euren eigenen Weg zu gehen, euer Potenzial zu erschließen und umzusetzen. Der Mensch ist ein soziales Wesen, trotzdem ist es für jeden Einzelnen wichtig, von Zeit zu Zeit in die Stille und in die Einsamkeit zu gehen, um, gestärkt in seiner Mitte, wieder den gemeinsamen Austausch zu pflegen. Dieser Austausch wird jetzt, je intensiver die Neue Energie die Erde durchdringt, liebevoller und von Mitgefühl getragen. Die gegenseitige Hilfe und Unterstützung wird sich verstärken, denn es wird euch immer mehr bewusst, dass ihr alle miteinander verbunden seid. Die ganze Menschheit hat jetzt die Gelegenheit, diesen Aufstieg zu bewerkstelligen. Einige sind sich dieses Prozesses schon bewusst und können die anderen eine Weile an die Hand nehmen. Sie können aber auch einfach ihr Licht strahlen lassen. Es wird die Dunkelheit erhellen und Klarheit in eure Umgebung bringen.

Die Polaritäten werden sich jetzt schrittweise harmonisieren. Es wird also immer mehr ein Konsens bei Schwierigkeiten gefunden. Diese Konsensfindung ist ein bewusstseinserweiternder Prozess für alle Beteiligten. Auch wenn ein Problem am Anfang noch unlösbar erscheint, werden durch die steigende Energie die Polaritätsspitzen entschärft und eine Lösung auf einer höheren Ebene sichtbar. Stellt euch das bildlich als Dreieck vor. Unten habt ihr die zwei Polaritätsecken und oben in der Mitte die Lösung oder den Konsens. Es wird also immer eine Erhöhung des anstehenden Problems herbeigeführt. Mit anderen Worten: Ihr müsst immer das Problem von einer höheren Warte aus betrachten, um Lösungsmöglichkeiten zu erarbeiten. Die Befreiung eurer Begrenztheit wird jetzt durch die ansteigende Energie stark gefördert und euch Probleme lösen lassen, die euch sehr beschäftigten. Vertraut diesem Prozess und erkennt euer Wachstum, eure Bewusstseinsveränderung mit ganz neuen Lösungsmodellen. Zum Beispiel werden von euch soziale Errungenschaften kreiert, von denen ihr früher nur zu träumen wagtet.

Die Sonnenseite des Lebens heißt also, dass die Dunkelheit bestrahlt wird und damit mehr Klarheit da ist, dass Gesetzmäßigkeiten dadurch erkannt werden. Da jetzt mehr Energie auf die Erde gespült wird, wird mehr Licht bis in die atomare Materie hineinwirken. Die Materie wird vergeistigt, das heißt, sie verändert sich von einer drei- und vierdimensionalen Dichte in eine fünfdimensionale. Die atomare Struktur schwingt schneller und erlaubt so dem Licht einen besseren Zugang. Die ganze Materie ist eigentlich Licht in verdichtetem, differenziertem Zustand. Eigentlich ist alles Energie, die jetzt eine höhere Schwingung erhält. Wenn euer Körper mehr Licht beherbergt, werden sich unweigerlich auch eure Psyche und euer Verhalten verändern. Die Auswirkungen auf eure Gesellschaft und die Umwelt sind die Folge. Mit anderen Worten: Die Harmonisierung der Polaritäten wird durch mehr Lichtenergie herbeigeführt, weil sich die Polarität neu einpendeln wird.

Neu zu kreierende Strukturen in allen Lebensbereichen werden also durch Ausschüttungen der momentanen Lichtenergie herbeigeführt. Der Samen des Neuen ist in dieser Energie enthalten. Ihr müsst eigentlich nur lernen, mit dieser hohen Energie persönlich und global umzugehen, sie zu integrieren und mit ihr zu arbeiten. Um sie voll integrieren zu können, stehen jetzt große Herausforderungen an, nämlich das Loslassen des Alten und Überholten.

Die Erhöhung der Lichtenergie schreitet seit Jahren voran und erhöht sich jetzt vor dem Aufstieg in die Fünfte

Dimension drastisch. Ihr werdet jetzt gezwungen, euch mit euch selbst auseinanderzusetzen. Eure negativen Muster werden euch jetzt präsentiert, um transformiert zu werden. Es findet momentan auf allen Ebenen ein gigantischer Heilungsprozess statt. Negatives wird jetzt nach und nach transformiert und aufgelöst und eure DNS auf die fünfdimensionale Qualität ausgerichtet. Dies wird euch in die höhere Adam-Kadmon-Rasse heben und euch erlauben, mit euren Sternengeschwistern einen partnerschaftlichen Austausch zu pflegen. Durch diesen Prozess werdet ihr auch das Miteinander auf der Erde neu begreifen und ausrichten und mit der Erde eure Reise fortsetzen.

Diese großartige Perspektive soll euch Mut machen, wenn ihr kurzfristig in einem Problem stecken bleibt und die Welt nicht mehr versteht. Haltet inne und gebt dieser Energie Gelegenheit, sich zu integrieren. Neues wird daraus entstehen und eure Probleme lösen. Natürlich müsst ihr selbst an der neuen Erde mitwirken, doch die beschleunigte Energie ist eure Hilfe und wird euch den ganzheitlichen Ansatz zeigen.

Da jetzt jeder Verantwortung für sein Leben übernimmt und mit der hohen Energie reitet, wird er die Sonnenseite des Lebens leben und aus dieser Fülle heraus seinen Teil zum Ganzen beisteuern.

Der Ausbruch neuer Technologien

Durch die erhöhte Schwingung werdet ihr jetzt nach und nach an das seit Äonen in euch schlummernde Potenzial gelangen. Ihr wart auf den verschiedensten Gestirnen und mit den unterschiedlichsten Dimensionsebenen beheimatet und habt überall viele Lernprozesse erarbeitet, in seelischer, aber auch in materieller Hinsicht. Seid also nicht erstaunt, wenn ihr plötzlich von nicht nachvollziehbaren Denkanstößen und Geistesblitzen überrascht werdet. Eure bis jetzt schlummernden Talentschubladen sind dabei, sich zu öffnen. Nehmt diese neuen Ideen ernst und versucht, sie in euer Leben zu integrieren. Ihr könnt aber auch von geistigen Helfern oder Sternengeschwistern kontaktiert werden, weil ihr das benötigte Rüstzeug besitzt, um ihre Durchsagen umzusetzen. Ich habe ja bereits mehrmals erwähnt, dass wir alle miteinander verbunden sind. Wenn die erforderliche Neue Energie integriert ist, können sich solche Kontakte durchaus einstellen. Wägt ab, ob ihr die Botschaften annehmen und umsetzen wollt, denn ihr seid hier auf Erden in eurer Verantwortung. Seht es auf jeden Fall als Hilfe eurer geistigen und kosmischen Verbündeten an. Die geistigen und kosmischen Freunde werden sich euch immer vorstellen und euch fragen, ob es euch genehm ist, eine Botschaft zu erhalten. Ihr werdet klar erkennen, dass es nicht eurem Unterbewussten entspringt, denn die Energie wird sich von der euren unterscheiden.

In naher Zukunft werden diese Botschaften, aber auch eure eigenen Denkanstöße, der Menschheit unglaubliche Neuerungen bringen, die euch helfen werden, die neue Erde zu gestalten. Es werden technische, ökonomische, aber auch gesellschaftliche Neuerungen sein. Ihr seid dabei, euer Leben auf der Erde neu zu erfinden, und dazu braucht ihr alle Schätze, eure eigenen und die kosmischen.

Durchbrüche in der Physik und in der Mechanik, in der Medizin und in der Biologie werden einander folgen, mit Auswirkungen auf den Alltag jedes Menschen. Diese Fortschritte werden euch ein neues Bild der Erde und ihren Platz im Kosmos zeigen, aber auch eure Philosophien ergänzen und anschaulich machen. Ihr werdet eine höhere Perspektive der Dinge erkennen und danach leben. Die Ökonomie wird ihren Platz als Helfer der Menschheit einnehmen.

Die neuen Technologien werden den Menschen unterstützen. Deshalb werden sie erst erarbeitet und angewandt, wenn das menschliche Bewusstsein den Aufstieg erarbeitet hat und der erforderliche Schwingungspegel erreicht ist. Gewisse Technologien können nur von bewussten und in Verantwortung stehenden Menschen benutzt werden!

Bereiche wie das Transportwesen werden revolutioniert, denn ihr werdet mit freier Energie arbeiten, ähnlich wie eure Sternengeschwister die Raumfahrt betreiben.

Dies wird die Menschheit zusammenrücken lassen, denn die Distanzen, die euch trennen, werden zeitlich kürzer zu überwinden sein.

Technologien, die für euch momentan noch als Utopie angesehen werden, werden der Menschheit helfen und sie im Aufbau der neuen Gesellschaften hier auf Erden unterstützen. Die Bewältigung des Alltags in der Fünften Dimension wird für alle Menschen einfacher und es ihnen erlauben, sich mehr um das Menschsein zu kümmern, denn dies wird der Tenor des Neuen Zeitalters. Das Mitgefühl für alles Leben wird Priorität haben.

Wenn Bewusstheit das Leben bestimmt, werden materielle Güter nicht mehr nur einigen wenigen zugutekommen, sondern es wird weltweit für eine Balance gesorgt, denn die Fülle der Erde gehört allen. Die Harmonisierung der Polaritäten wird auch in diesen Bereich fließen und den Hunger und das Elend auf der Erde ausradieren. Die Erde beherbergt genügend Schätze, um euch alle in Sicherheit und Wohlstand leben zu lassen. Die gerechte Verteilung der Güter ist demzufolge eine Pflicht.

Durch die neuen Technologien wird diese Verteilung vereinfacht und so jeder Platz auf der Erde erreichbar sein. Dieser Austausch wird wunderbare Folgen haben und das Miteinander der Erdenmenschen stark fördern.

Die heutigen Krisenregionen erfahren eine spezielle

Teilnahme der Erdbevölkerung, und diese Unterstützung wird diesen Menschen die Kraft und den Mut geben, neue Lebensstrukturen aufzubauen. Die ganze Menschheit ist nur so stark wie ihre Minderheiten. Dieses Bewusstsein wird die Motivation der neuen Gesellschaften sein – die Harmonisierung der Menschheit das Resultat.

Da die Polaritäten jetzt nach und nach entschärft werden, wird der Menschheit die Gelegenheit offenbart, sich im Licht weiterzuentwickeln und als kosmischer Partner am Ganzen mitzuwirken. Die Harmonisierung der Polaritäten wird eine unglaubliche Befreiung für jeden Einzelnen darstellen. Die dabei frei gewordene Energie kann er jetzt für seine und die Entwicklung der Menschheit einsetzen.

Höher schwingende Materie wird Naturgesetze verändern, der neue Umgang mit Materiellem erlernt werden müssen. Ihre Handhabung wird aber erleichtert und euch Menschen besser unterstützen. In vielen Bereichen werden Energien freigesetzt, die euch unterstützen und mehr Muße bringen. Zeit, die ihr für euch selbst in Anspruch nehmen könnt, denn Hetze und Stress gehören nicht mehr in dieses Weltbild, sondern Ausgeglichenheit und Fülle.

Die neuen Technologien sind nicht leicht zu erklären, da sie zum Teil auf Unbekanntem beruhen. Es werden Quantensprünge vollzogen, da ihr es mit einer höher schwingenden Materie zu tun habt, die anderen Gesetzmäßigkeiten unterliegt. Diese Neuerungen werden sich

Schritt für Schritt manifestieren, immer in Resonanz zu der gegenwärtigen Schwingung. Das heißt, dass ihr in ganz neue Domänen hineinwachst und das für euch Brauchbare erkennen könnt. Mit eurem veränderten Bewusstsein der Sicht der Dinge werden neue Kreationen erarbeitet, die den Menschen und der Erde zugutekommen.

Die Bildung, euer Rüstzeug, wird euch zum Teil nicht weiterhelfen, und ihr müsst lernen, völlig neue Konzepte zu begreifen. Vorerst wird eine Distanzierung von dem Erlernten notwendig sein, um diesen Quantensprung vollziehen zu können. Neues Antasten, Erfühlen, und eine ganzheitliche Sicht der Dinge wird verlangt. Eure Ratio, aber auch eure Gefühle und eure Sinnlichkeit sind jetzt gefragt. Ihr werdet euch als Ganzes auf diesem neue Territorium bewegen und es erkunden, und ich wünsche euch viel Vergnügen und Erfolg bei diesem Abenteuer.

Energiefluss

Eure Wissenschaftler haben bereits wahrgenommen, dass sich die Energie eurer Sonne und ihre Emanationen auf die Erde verändern und verstärken. Die Sonnenstrahlung war schon immer Zyklen unterworfen, doch jetzt kommt es zu einer Veränderung, deren Grund die Wissenschaftler noch nicht verstehen.

Die Erde ist in einem größeren Ganzen eingebettet; in das eigene Sonnensystem, in die Milchstraße, eure Galaxie, und in unser Universum. Das Zentrum eurer Galaxie sendet nun hochkarätige Strahlung, die die Sonnen aufnehmen und an ihre Planeten weitergeben. Diese Strahlung ist Liebe, Licht und Information. Sie erhellt die dunkelsten Regionen, bringt sie zur Reife und in energetisch höher schwingende Zonen. Die Erde und ihr Sonnensystem erleben jetzt eine Erhöhung ihrer Schwingung, einen Dimensionswechsel. Je höher ein Gestirn schwingt, desto vergeistigter ist seine Materie. Die materielle Dichte der Erde ist dabei, sich zu verändern und sich der neuen Dimension anzupassen, die um einiges höher schwingen wird als die Dichte der alten Erde. Diese neue hochkarätige Energie muss die Erde bis in jedes ihrer Atome aufnehmen. Sie begibt sich somit in eine Metamorphose, aus der sie in die neue Dimension, sprich Energiedichte, stark verändert wiedergeboren wird.

Dass dieser Prozess große Veränderungen im Inneren

wie auch im Außen der Erde nach sich zieht, ist nachvollziehbar. Die Erde befreit sich von altem Druck und Ballast, um die hohe Energie aufnehmen zu können.

Ihr Menschen, Bewohner der Erde, seid Geist in Materie. Das heißt, dass auch ihr jetzt diese Metamorphose erlebt, um wiedergeboren zu werden in die neue Dimension. Diese Wiedergeburt wird mit vielen Veränderungen in euch geschehen. Auch ihr müsst Druck und Ballast loswerden, um die Neue Energie voll zu integrieren und eurem Körper zu erlauben, sich dieser Metamorphose hinzugeben.

Mit eurem Körper meine ich auch eure Psyche, denn sie ist eng mit dem Materiellen verbunden. Damit die Integration dieser hohen Energie vonstattengehen kann, rate ich euch, wie gesagt, sehr, immer wieder in die Stille zu gehen, Auszeiten zu nehmen, um in eurer Mitte zu sein und weitergehen zu können. Die Informationen, die ihr aus euch schöpft, werden euch helfen, im richtigen Moment am richtigen Ort zu sein und das Richtige zu tun. Das Vertrauen in eure innere Stimme, zu euren Gefühlen, wird so erstarken und euch helfen, diese Transitionszeit wie ein Fels in der Brandung zu erleben. Der Kontakt mit Mutter Erde, mit der ihr ja in Symbiose lebt, gibt euch die Stärke und Ausdauer, die jetzt gefragt sind.

Der Energiefluss ist vergleichbar mit euren Bächen und Flüssen. Auch große Wassermengen machen keinen Schaden, so lange sie fließen können und nicht gestaut sind. Versucht das Gleiche mit eurem Körper und entfernt alten Ballast, das heißt, alte Verhaltensmuster. Transformiert sie, damit die Energie ungehindert fließen kann und die Lichtpartikel bis in eure atomare Struktur vorstoßen können. Dies wird euren Körper lichtvoller und durchlässiger machen und ihn von alten negativen Erfahrungen heilen. Je mehr Licht euer Körper aufnimmt, desto mehr werdet ihr ihn nach euren Bedürfnissen modellieren können. Dann werdet ihr immer mehr zu Mitschöpfern in eurer Welt, denn euer Körper ist eure Manifestationsmöglichkeit. Ihr könnt durch eure eigenen Informationen Einfluss auf seine Gesundung und Verjüngung nehmen. Eure Gedankenkraft wird jetzt immer stärker, und ihr könnt damit euer Leben und auch eure Umgebung beeinflussen. Seid euch aber eurer Verantwortung bewusst und handelt im Sinn und zum Wohl des Ganzen.

Die Erde und ihre Menschheit sind im Begriff, in eine höhere Daseinsebene vorzustoßen, um besser im Verbund mit ihren Sternengeschwistern dem EINEN zu dienen und die Evolution vorwärtszubringen. Die Erde und ihre Menschheit werden sich wieder bewusst in die kosmische Familie einreihen, einen Platz, den sie schon immer hatten, von dem sie sich aber innerlich trennten. Die Trennung geht jetzt aber ihrem Ende entgegen. Es ist die Rückkehr des verlorenen Sohnes oder der verlorenen Tochter in den Kreis der Familie, wie es eure Schriften aufgezeichnet haben. Mit großer Freude und Anteilnahme werdet ihr willkommen geheißen, denn wir alle warten

sehnlichst auf euch. Versteht die Hilfe eurer Sternengeschwister unter diesem Kontext, es ist ihr Liebesbeweis
für euch.

Auswüchse

Im Moment erlebt ihr noch eine Radikalisierung eurer Polaritäten. Denkt zum Beispiel an die männliche und weibliche Polarität in patriarchalischen Gesellschaften, an das gierige Ökonomiesystem, an kämpferische Manipulationen einiger Religionen usw. Dieser Umstand ist für Betroffene schwer zu ertragen, kreiert Angst und Unsicherheit. Dies sind wahrlich starke Prüfungen für die Menschen. In dieser Zeit die persönliche Stabilität zu bewahren, ist für alle Betroffenen schwierig. Mein Mitgefühl ist bei euch, ich versichere euch aber, dass es nur noch kurze Zeit dauern wird, bis der Energiepegel die Amplitude erreicht hat, der eure Lebensbedingungen lockert und nach und nach einer Harmonisierung der Polaritäten Platz macht. Es ist wie der Durchgang durch ein Nadelöhr: eine enorme Verdichtung, ein Loslassen alter Konditionen, gefolgt von einer Befreiung und Neuorientierung.

Die Prüfungen, die ihr jetzt als Menschheit besteht, werden euch zur Meisterschaft führen, zur erhöhten Adam-Kadmon-Rasse, zu multidimensionalen Wesen. Die Liebe eurer Sternengeschwister ist bei euch, und sie unterstützen euch, so gut sie dies dürfen. Sie sehen sehr genau, welche Umwälzungen ihr durchlebt und erweisen euch großen Respekt.

Peilt die neuen fünfdimensionalen Erdbedingungen mit eurer Gedankenkraft an, kreiert eure Friedenswelt, euer Paradies. Versucht, so viel Licht wie möglich in euren Körper zu integrieren. Gestaltet eure Umgebung im Sinne des Lichts und der Liebe. Seid standhaft! Bald werdet ihr die Saat eurer langen Erdinkarnationen ernten dürfen. Es war ein langer und zum Teil mühsamer Weg, der jetzt seiner Krönung entgegengeht. Es ist wie der Endspurt vor dem Ziel, wo noch alle Kräfte und Motivationen gebraucht werden. Eure Siegerehrung ist sehr nahe und eure Erdenmission bald beendet. Der Energiepegel der Erde ist bereits so hoch, dass eine Umkehr unmöglich ist. Ihr habt also euer Ziel schon fast erreicht und könnt dem Dimensionswechsel gelassen entgegensehen. Die negativen Auswüchse der Polaritäten zeigen euch auf, dass die Spannung überdehnt, bis Konsens auf höherer Ebene angestrebt wird. Die Verursacher dieser Spannung werden sich an einen Tisch setzen und neue Lösungen erarbeiten, denn alle Menschen sind in diesen Prozess involviert. Unterdrückung und Manipulation sind nicht mehr möglich.

Arbeits- und Lernprozesse liegen nun auf eurem weiteren Weg, die Kreierung einer neuen, menschlichen Gesellschaft hier auf Erden. Eine Gesellschaft, die durch viele Traditionen bereichert ist, die sich als Erdenbürger versteht und die untereinander mit der Herzensqualität verbunden ist.

Ungereimtheiten, die aus der derzeitigen Neustrukturierung erfolgen, verursachen Stress und Instabilität. Sie werden aber nicht mehr lange eure Begleiter sein. Sobald der fünfdimensionale Energiepegel erreicht ist, werden sie sich auflösen, da die neuen Strukturen dann greifen können und Anpassungen nicht mehr mit der jetzigen Kadenz auftreten werden. Es ist jetzt wirklich eine Transitionszeit hier auf Erden. Das Alte ist nicht mehr gültig, und das Neue hat noch nicht seinen ihm gebührenden Platz eingenommen. In dieser Zeit braucht ihr also viel Standhaftigkeit und das Vertrauen in euren persönlichen und den Evolutionsprozess der Erde. Schaut nach vorne und trauert dem Alten nicht nach, denn er ist für alle Zeiten überholt. Durch die momentanen Lernprozesse in eurem privaten und gesellschaftlichen Leben werdet ihr zu eurem Kern vorstoßen, zu dem Sinnhaften eures Lebens und der Menschheit. Glaubt mir, dass euch dieser Lernprozess große Erfüllung bringen und euch zeigen wird, in welch wunderbarem Ganzen ihr eingebettet seid. Eure Partizipation am universellen Geschehen wird euch Raumqualitäten aufzeigen, die die ganze Menschheit vom bisherigen Los befreien.

Begrüßt also den neuen Morgen und seid dankbar, zu dieser großartigen Wiedergeburt der Erde und der Menschheit beitragen zu dürfen. Eure Seele wird diese Aufstiegsqualität registrieren und für ewig in ihrem Potenzial speichern. Ihr werdet zu Meistern des Aufstiegs, des Dimensionswechsels. Wahrlich, eine wunderbare Kompetenz.

Gleichzeitigkeit

Durch eure Gedanken könnt ihr euch gleichzeitig und ungeachtet der Distanz mit anderen Menschen verbinden. Mit der Zeit werdet ihr eure telepathischen Fähigkeiten ausbauen und klare Mitteilungen von euren Mitmenschen erhalten können. Diese Fähigkeit ist bereits Teil von euch, doch wurde sie selten gebraucht und ist deshalb verkümmert. Durch den Anstieg der Energie wird euch aber diese Fähigkeit immer mehr bewusst werden. Es braucht natürlich Übung, um dieses angeborene Talent auszubauen und es täglich zu benutzen, so, wie ihr zum Beispiel eure Mobiltelefone gebraucht, um Kurzmitteilungen zu schreiben. Die Entfaltung dieses Talents wird euch sehr nützlich sein, denn es kann schon vorkommen, dass eure Kommunikationssysteme durch die enorme Sonnenstrahlung für kürzere oder längere Phasen außer Betrieb sein werden.

Die Verantwortung euren Gedankengängen gegenüber haben wir euch ja bereits aufgezeigt. Gedanken sind Energieformen, die sich materialisieren und eure Gegenwart und eure Zukunft beeinflussen. Wählt eure Lebensqualität!

Wie ihr es schon vom Telefon und vom Internet gewohnt seid, werdet ihr gleichzeitig mit einem oder mehreren Mitmenschen in Verbindung sein. Ihr ruft sie an und leitet eure Mitteilung weiter. Ähnlich ist das Vorgehen im telepathischen Bereich. Konzentriert eure Gedanken auf eine Person und gebt ihr die gewünschte Mitteilung durch. Mit einiger Übung wird sich die angepeilte Person zurückmelden und ihrerseits ihre Mitteilung durchgeben. Versucht es! Ihr werdet merken, dass es jetzt mit der erhöhten Energie viel einfacher ist. Es schlummern noch einige andere Talente in euch, die in nächster Zeit ans Tageslicht treten und euer Leben hier auf Erden unterstützen und bereichern werden.

Das Hier und Jetzt ist das Maß der Dinge. Es ist die Zeit, die ihr wirklich auf Erden verbringt und in der ihr euer Potenzial anzapfen und benutzen könnt.

Vergangenes und Zukünftiges werden im Hier und Jetzt verarbeitet und durch die Qualität der Gegenwart Neues gesät. Die Perspektive der Gegenwart leitet euch in die zukünftige Richtung. Ihr seid der Architekt eures Lebens, und ihr bestimmt euren Weg. Das oberste Gesetz hier auf Erden ist der freie Wille. Dies verlangt von euch Verantwortungsbewusstsein für euch und das Ganze.

Im Hier und Jetzt erlebt ihr in Symbiose mit der Erde Erfüllung. Glück ist nur in diesem Zustand zu erfahren. Die Suche nach dem Glück wird euch diesem Seinszustand immer näherbringen. Die kleinen und großen Begebenheiten in der Gegenwart füllen euer Herz und euer Sein.

Gleichzeitigkeit ist nur im Hier und Jetzt erfahrbar, ein spezieller Raum, in dem alles verfügbar ist, in dem sich das wirkliche Leben abspielt. In diesem Raum ist alles enthalten, was je kreiert wurde, sowie alle zukünftigen Ideen und Perspektiven. Dieser Raum ist nicht kurz und flüchtig, sondern kann individuell ausgedehnt und zu eurem Kraftort werden, zu eurer Quelle der Inspiration.

Die lineare Zeit kann ausgedehnt und geschrumpft, vertieft und erhöht werden. Es liegt an euch, mit diesen Spielregeln nach persönlichem Gutdünken umzugehen und nicht ihr Spielball zu werden.

Augenmaß

Unter diesem Ausdruck versteht man das richtige Maß der Dinge. Aber was ist das richtige Maß? Durch die Erhöhung der Energie wird sich euer „Maß der Dinge" stark erweitern. Ihr werdet Sicht in neue Territorien erlangen, mit neuen Gesetzmäßigkeiten konfrontiert, die von euch Lernprozesse und Anpassungen verlangen, euch aber von alten starren Paradigmen, die euch beengten, befreien. Der begrenzende Schleier, der euch vom multidimensionalen Leben trennte, löst sich nun nach und nach auf. Euer Augenmaß muss sich nun schrittweise dieser neuen Sicht anpassen und neue, bis jetzt unkonventionelle Perspektiven zulassen und verarbeiten.

Durch die Harmonisierung der Polaritäten wird viel Energie freigesetzt werden, die sich jetzt in den multidimensionalen Raum entfalten kann. Ihr werdet die Erde in ihren multidimensionalen Facetten entdecken, was für euch ein neues, faszinierendes Studiengebiet wird, das euch auch dem Kosmos und seinen Gesetzmäßigkeiten näherbringt. Die Faszination, die ihr eurem Planeten entgegenbringt, seine Aufgabe im All und mit seinen Nachbarn, wird euch verstehen lassen, warum ihr hier inkarniertet, welche Seelen-Motivation euch beflügelte.

Das Maß der Dinge ist ein relativer Begriff, und dies wird euch in der nahen Zukunft sehr bewusst werden. Umstülpungen eurer bisherigen Wahrnehmung werden die

Folge sein. Das heißt, dass ihr euch wohl anpassen müsst, euer Alltag hier auf Erden aber sehr viel einfacher zu bewältigen sein wird. Viele Wege führen bekanntlich zum Ziel, doch ist es angenehm, wenn dieser Weg vereinfacht wird und unnötige Umwege erkannt werden. Durch Neuerungen in der Technologie, euer wachsendes Bewusstsein und eure größere Perspektive werdet ihr Fähigkeiten entwickeln, die euch verblüffen werden. Fähigkeiten von enormer Tragweite werden von den Menschen entwickelt, die ihre Gesellschaften auf einen höheren evolutionären Stand heben werden. Die Harmonisierung der Polaritäten wird diese Entwicklung stark unterstützen, da keine negativen Auswüchse mehr möglich sind, sondern sich alles in einem ausbalancierten Rahmen abspielt. Dies wird einen Energiegewinn generieren, der anderweitig eingesetzt werden kann.

Das Tor in die Fünfte Dimension ist sehr nahe. Schon jetzt spürt ihr die Neue Energie stark. Sie wird euch durch die letzte Etappe tragen und euch unterstützen. Viele gewünschte Veränderungen werden sich in relativ kurzer Zeit realisieren und euch damit Mut machen, diesen Weg voller Vertrauen weiterzugehen. Euer Augenmaß wird sich der neuen Situation anpassen, wohl wissend, dass es sich hier um einen evolutionären Schritt handelt.

Mut und Kraftproben werden nicht mehr nötig sein, denn ihr seid von dieser Energiewelle getragen, die euch in die höhere Dimension spülen wird. Deshalb ist es so wichtig, nicht mehr an Altem festzuhalten, denn der Fluss dieser starken Energie würde euch unnötige Kraft kosten.

Dieser Dimensionswechsel ist vergleichbar mit einer Flutwelle. Surft auf ihr, genießt die Kraft. Das neue Ufer ist in Sichtweite und erwartet euch. Energetisiert werdet ihr dort euer neues Leben gestalten, im Einklang mit dem Ganzen.

Der Dimensionswechsel wird sich an der Wintersonnenwende im Dezember 2012 ereignen. Der Anstieg der Energie jedoch begleitet euch schon seit geraumer Zeit und wird noch nach diesem Übergang weitergeführt, um dann die Intensität langsam zu verringern. So um das Jahr 2025 werdet ihr den erforderlichen Energiepegel erreicht und euch an die neuen Gesetzmäßigkeiten gewöhnt haben.

Eine lehr- aber auch anpassungsreiche Zeit steht euch bevor. Innovation und Kreativität werden euch begleiten und unterstützen. Die neue Erde mit ihren Menschen wird das Goldene Zeitalter erschaffen!

Der Verbund eurer galaktischen Sternengeschwister wird euch aufnehmen und der kosmische Austausch die Folge sein.

Das Vermächtnis der Liebe

Unser aller Quelle, unser Schöpfergott, unsere Schöpfergöttin, ist die Liebe selbst. Wir alle sind Funken dieser Quelle in Manifestation, wo auch immer wir uns in den verschiedenen Universen aufhalten. Unsere Mission oder Motivation ist, die Liebe des Schöpfers in die physische Manifestation zu leiten. Von den hoch schwingenden Dimensionen, bis hin zu den niedrigsten. Jeder entspringt der göttlichen Quelle und versucht, sich in diesem Sinne einzubringen. Die göttliche Quelle unterliegt nicht der Polarität, sondern ist vollumfänglich eins mit dem Ganzen.

Wir sind alle Teil dieser Quelle und bringen unsere Erfahrungen ein. Unsere Lernprozesse erarbeiten wir unter den verschiedensten Konditionen: in stark polaren Bedingungen, in harmonisierten Polaritäten oder in ganzheitlichen Welten. Wir tauchen zum Teil in sehr dichte, wie auch in feinstoffliche Materie. Also ein großes Spektrum an Manifestationsmöglichkeiten. Bei all diesen Manifestationsfunken bleibt eine Rückbindung an die Quelle selbst. Wir sind alle für immer und ewig mit unserem Schöpfergott, unserer Schöpfergöttin, verbunden. Diese göttliche Bindung nährt und unterstützt uns auf unserer Erfahrungsreise. Dies erklärt die göttliche Sehnsucht, die in allen ruht, die Erinnerung an die Einheit.

Jedes Universum erarbeitet einen Aspekt der Liebe zur Vollkommenheit. In unserem Universum ist es die Facette der Liebe, die wir Mitgefühl nennen. Dieses Mitgefühl ist die Motivation aller Sternengeborenen, einander zu helfen und zu unterstützen. Es ist unter anderem auch der Grund für viele Raumreisen und der Austausch aller Sternengeschwister untereinander.

Durch die momentane Erhöhung der Energieschwingung werdet ihr bald an diesem liebevollen Austausch teilhaben und neue Erfahrungen sammeln, die die Quelle bereichern.

Zuerst werdet ihr aber auf Erden untereinander diese Liebe leben. Das heißt, dass ihr einander helfen und euch unterstützen werdet. Ihr werdet diese kosmische Liebe überall auf dem Planeten Erde einfließen lassen und eine friedliche und liebevolle Menschheit erschaffen.

Viele verschiedene Aspekte des Mitgefühls werdet ihr der Menschheit zuteil werden lassen, weil ihr für euch selbst dieses Mitgefühl anwendet. Euch selbst bedingungslos zu lieben ist wohl eine der größten Herausforderungen, vor der ihr jetzt steht und die ihr meistern werdet. Eure tiefe Essenz wird jetzt an die Oberfläche gespült und euch und eure Umwelt verändern. Ihr legt die Basis für die neue Ära und seid wahrlich kosmische Meister. Die zukünftigen Generationen werden euch als Pioniere verehren und euch sehr dankbar sein für euren Einsatz, euren Mut und euer Durchsetzungsvermögen.

Die Liebe in allen ihren Facetten wird auf der Erde Einzug halten und flächendeckend alle Populationen nähren.

Durch die Harmonisierung der Polaritäten werden kriegerische Auseinandersetzungen ausgemerzt, wodurch viel Energie frei wird, um euch spirituell weiter zu entwickeln. Durch euer multidimensionales Erbe wird euch Zugang zu höher dimensionalen Ebenen gewährt, von wo aus sich eure Perspektive stark ausdehnen wird. Ihr werdet euch immer mehr gewahr, dass die Liebe die Energie ist, die alles im Kosmos zusammenhält, vom Atom bis zu den Gestirnen, Galaxien und Universen. Die Liebe ist viel mehr als nur ein Gefühl. Sie ist die reinste Energie, die alles zusammenhält, die euch energetisch nährt und mit der ihr arbeiten könnt. Zum Beispiel als Transport- , Beleuchtungs-, Antriebsenergie usw. Das Universum ist voll von dieser Energie, und sie ist kostenlos und frei. Je mehr Energie ihr benötigt, umso mehr Energie fließt nach, denn unser Schöpfergott, unsere Schöpfergöttin, ist die Quelle allen Seins.

Ihr seid Teil dieser Gottheit und deshalb Mitschöpfer in Aktion. Unsere Quelle ist die Liebe selbst. Also sind wir Liebesfunken, die die göttliche Vision umsetzen, in Manifestation bringen.

Die Liebe ist in euch und braucht nicht im Außen gesucht werden. Das heißt, Gott ist in euch, ist Teil von euch!

Wir sind alle miteinander verbunden, wo immer wir uns im Kosmos aufhalten.

Das Vermächtnis der Liebe ist unser aller Manifestationsgrund, unser ewige Hort, unser Zuhause.

Trennung ist eine Illusion, die sich auflösen wird. Wir sind alle verbunden im EINEN. Wir sind Teil des EINEN und seiner Schöpfung.

Lasst die Liebe fließen. Öffnet eure Chakren und eure Zellen, damit sich euer Körper mit dieser Energie füllen kann. So seid ihr auch fähig, diese Liebe weiterzugeben. Sie nährt zuerst euch selbst, um dann durch euch im Überfluss weiterzufließen und eure Umgebung zu bereichern.

Die Liebe in Manifestation wird aus diesem Planeten den Garten Eden machen, den ihr euch wünscht.

Teil des Ganzen

Da alles miteinander verbunden ist, sind wir immer ein Teil des Ganzen. Es ist wie eine Kette. Je stärker ihre Glieder sind, desto stärker ist die Kette. Die stärkste Kette reißt, wenn eines ihrer Glieder schwach ist. Die Unterstützung, die ihr jetzt von euren Sternengeschwistern und der Geistigen Welt erhaltet, müsst ihr in diesem Zusammenhang sehen. Die einzelnen Glieder können sich nicht weiterentwickeln, ohne auch die Schwächeren mit einzubeziehen. Das Ganze ist immer in einem Weiterentwicklungszustand, und so werden die einzelnen Teile mit einbezogen. Das heißt, ein einzelnes Teil kann sich nicht weiterentwickeln, ohne auch die anderen Teile zu beeinflussen und zu fördern. Auf die Erde bezogen heißt das: Wenn ein Mensch sich bewusstseinsmäßig weiterentwickelt, seine negativen Muster transformiert und dem Licht erlaubt, in seinen Körper zu fließen, beeinflusst er seine Umgebung, den ganzen Planeten. Jeder einzelne Mensch ist also in seiner vollen Verantwortung und kann die Geschicke eurer planetaren Gesellschaften beeinflussen und lenken.

Die Teile, die zum Ganzen, zur Quelle oder zum EI-NEN gehören, sind auf einer Erfahrungsreise, die dem Ganzen zugutekommen, die das Ganze sich weiterentwickeln lassen. Wir sind alle Mitschöpfer im Reigen unseres Gottes, unserer Göttin, und tragen die entsprechende Verantwortung. Wir genießen aber auch diese All-Liebe, die uns durchdringt, umfängt und nährt. Wir sind alle eins. Nur ein Teil von uns ist in Manifestation. Die Sehnsucht und Erinnerung an die Einheit wird immer mehr aus eurem Unbewussten hervortreten, und der Schleier, der euch trennte, löst sich nun schrittweise auf.

Die Harmonisierung der Polaritäten wird diesen Prozess unterstützen, da die Spannung zwischen den Polen nachlässt und Energie frei wird, um euch spirituell weiterzuentwickeln.

Das Ganze, die Schöpfung, nährt und entwickelt sich weiter durch ihre Teile, ihre Seelenanteile, die in Manifestation sind. Die verschiedensten Lernprozesse in den unterschiedlichsten Dimensionen tragen dazu bei.

Wir sind alle Teil der Schöpfung und somit Mitschöpfer. Wir sind Teil des EINEN, unseres Schöpfergottes, unserer Schöpfergöttin. Dieser Ursprung, diese Quelle, ist in allen von uns. Die Suche nach dem Göttlichen kann somit nicht im Außen gesucht werden. Anerkennt eure Göttlichkeit, eure Mitschöpferschaft, und kreiert eure Umgebung in diesem Sinn. Die Elohim der Erde helfen dem Planeten, seinen Platz im Universum bewusst einzunehmen und die kosmischen Geschicke mitzugestalten.

Durch die Lernprozesse, die jetzt auf der Erde bewältigt werden, wird das Ganze erhöht. Die Evolution der Schöpfung schreitet voran, und das Licht strahlt bis in die atomare Struktur. Alle Teile des Ganzen sind daran beteiligt. Alle Teile des Ganzen erstrahlen in dieser neuen Qualität.

Unser Herz sprüht vor Liebesenergie. Mit großem Respekt und Dankbarkeit gedenken eure Sternengeschwister der jetzt inkarnierten Seelen auf Erden, die diesen Evolutionsschritt mit ihrem persönlichen Einsatz mitgestalten.

Die Möglichkeit des Seins

Die Herausforderungen, die ihr momentan durchlebt, zwingen euch, von Zeit zu Zeit in die Ruhe und die Stille zu gehen, um gekräftigt und in eurer Mitte wieder den Alltag zu bewältigen. Diese Auszeiten sind eine wunderbare Gelegenheit, euch näherzukommen und euer Potenzial zu erforschen, eure inneren Schätze zu heben. Jeder Mensch trägt eine lange Tradition in sich, die er sich durch viele Inkarnationen auf der Erde und in anderen Teilen des Universums angeeignet hat. Durch Ruhe und Stille wird er jetzt durch die Erhöhung der Energie an seine Talente geführt. Er wird sich in solchen Momenten mit seiner Göttlichkeit bewusst verbinden können und eine höhere Perspektive der Dinge erlangen. Dieser Rückzug in die Einheit wird ihm erlauben, kraftvoll seinen Alltag zu bewältigen und seinem Weg ins Licht zu folgen.

Im Seinszustand erlebt er die Energie, die ihn durchdringt, bewusster. Die Polaritäten sind harmonisiert, und er kann seine Probleme im Außen wertungsfrei angehen. Er ist sozusagen in diesem Zustand bereits in einer höheren Schwingungsoktave und kann die dabei erarbeiteten Erkenntnisse in sein Leben einfließen lassen. Der Körper kann in solchen Momenten vollumfänglich energetisiert werden und sich von Belastungen befreien. Es ist ein Heilvorgang, der bis in jede Zelle, jedes Atom geleitet wird.

Der bewusste Zugang zu eurem Mikrokosmos wird euren Körper stärken und ihm erlauben, die erhöhte Schwingung vollumfänglich zu integrieren. Je mehr Lichtpartikel ihr in eurem Körper aufnehmen könnt, desto gesunder und vitaler wird er und für die Herausforderungen der jetzigen Zeit gerüstet sein. Der bevorstehende Oktavensprung ist ein ganzheitlicher Prozess, den ihr mit all eurem Sein vollziehen werdet. Euer Körper ist das Gefäß, euer Tempel, mit dem ihr zurzeit in Manifestation seid. Dieser Körper muss sich der erhöhten Schwingung anpassen, sie integrieren, um erneuert, wiedergeboren in der Fünften Dimension, weiterzugehen.

Im Zustand des Seins erlaubt ihr den kosmischen Energien vollen Einlass in euren Mikrokosmos. Eure persönliche Strahlung wird zunehmen und das Dunkle in euch weichen. Ein ganzheitlicher Heilvorgang, die Symbiose von Körper und Geist.

Diesen Seinszustand könnt ihr in eurem Alltag immer wieder abrufen. Besinnt euch auf eure Gefühle, die ihr dabei erlebtet, auf innere Bilder, auf die Schwingung, und so könnt ihr spontan euren Alltag beleben und Probleme lösen. Diese innere Ruhe und Gelassenheit erlauben ganzheitliche Vorgehensweisen bei Alltagsproblemen und stärken euer Immunsystem.

Die verschiedensten Meditationstechniken, aber auch Spaziergänge und Kontemplation in der Natur, bringen euch in die Ruhe und Stille. Jeder Mensch hat seinen eigenen Weg, um in die Ruhe zu gehen. Er sollte ihn befolgen und sich nicht im Außen orientieren. Jeder ist ein eigenes Universum mit großer Erfahrung. Diese Erfahrungen werden ihn leiten und führen. Vertraut euch und eurem Potenzial.

Alle von den Menschen integrierten Lichtpartikel helfen dem Planeten Erde in seiner Evolution. Gemeinsam werdet ihr das Tor in die Fünfte Dimension erreichen und in Symbiose weitergehen. Die Strahlkraft der Erde und ihrer Menschen wird weit in den Kosmos scheinen, die nötige Schwingungsamplitude erreichen, um sich mit der galaktischen Föderation zu verbinden und das Universum mitzugestalten. Eure persönliche Mithilfe ist also ein wichtiger Schritt in diesem Prozess und wird euch zu einem Galaktischen Bürger entwickeln. Durch die Erhöhung der Lichtpartikel in eurem Körper werdet ihr zu multidimensionalen Wesen und erkennt euren Ursprung. Ihr seid die Sternensaat, die mit der Erde diese stark polare, drei- und vierdimensionale Erfahrung gemeistert hat und nun nach Hause zurückkehrt.

Eine Meisterleistung! Die Hallelujahs eurer Sternengeschwister werden den Raum füllen. Götter in Manifestation und Bewegung! Meine Liebe umfängt euch in Dankbarkeit. Diese großartige Leistung kennt nichts Vergleichbares. Sie ist das Resultat von Entwicklungsschritten, die über die Jahrtausende stattfanden. Vielleicht versteht ihr jetzt unsere Anteilnahme und grenzenlose Liebe zu euch

Erdenbewohnern. Jeder Mensch, der die Lichtpartikel in seinen Körper integriert, trägt zu diesem Ergebnis bei und erfüllt seinen primären Inkarnationswunsch auf Erden. Ein langatmiger Prozess geht seinem Ende entgegen. Ein neues Kapitel kann aufgeschlagen werden, mit neuen Paradigmen und Lernprozessen. Diese neue Ära wird nicht mehr isoliert von den kosmischen Nachbarn stattfinden, sondern gemeinsam mit euren Sternengeschwistern, im Verbund der interstellaren Gemeinschaft.

Willkommen zu Hause, in der Liebesgemeinschaft, der ihr angehört. So sei es.

Blitzartige Erkenntnisse

Durch die Erhöhung der Schwingung der Erde und eures Körpers werden euch neue Einsichten und Ideen offenbart, die tief in euch und in der Erde schlummerten. Diese Erkenntnisse werden jetzt an die Oberfläche gespült und eure Gesellschaft und euch verändern. Ihr geht jetzt lichtvolleren Zeiten entgegen und braucht dazu neue, innovative Modelle, die euren Alltag gestalten. Schwere, einengende Traditionen und Rituale werden abgelöst und durch passende, mit der neuen Schwingung kompatible Modelle ersetzt. Diese neuen Erkenntnisse werden die Erdenbevölkerung global ereilen und schnelle Änderungen mit sich bringen. Die reaktionären Kräfte werden sich immer weniger gegen die Neuerungen stemmen können, da auch sie verstehen werden, dass sie sich auf verlorenem Posten befinden. Ihre alten, verkrusteten, zum Teil patriarchalischen Regeln und Ideen haben ausgedient und erhalten auch keinen neuen Nährboden mehr.

Macht- und Besitzansprüche, die sich auf lange Traditionen berufen, greifen ins Leere. Eine Neuordnung eurer Gesellschaft steht an. Eine neue Gesellschaft, die von verantwortungsvollen Bürgern aufgebaut ist, die die Liebe zur Erde und zu ihren Mitmenschen als Leitmotiv anerkennen. Je mehr Licht die Erde und ihre Bevölkerung integriert, desto leichter und harmonischer wird das Leben auf diesem Planeten. Große Umwälzungen für jeden werden die Folge sein, die euer Erdenleben einfacher gestalten und euch die Möglichkeit geben werden, den Sinn eures Lebens zu erkennen und zu leben. Je mehr die Schwere weicht, desto harmonischer werden die Polaritäten, und desto mehr Energie wird für eure Entwicklung frei.

Entwicklungsprozesse, die sonst Jahrzehnte oder gar Jahrhunderte in Anspruch nahmen, werden sich in den kommenden Jahren manifestieren und durchsetzen. Dies ist für jeden Menschen eine Herausforderung, weil er sich immer neuen Realitäten anpassen muss. Gleichzeitig verspürt er aber die neue Leichtigkeit, und durch seine innere Gesinnung wird er das Neue akzeptieren. Er erkennt instinktiv dessen Kompatibilität und kann mit den neuen hohen Energien mitfließen.

Im letzten Jahrhundert haben bereits viele Neuerungen stattgefunden. Ihre Kadenz erhöht sich jetzt drastisch, um mit dem Schwingungspegel kongruent zu sein, der bald die Amplitude des Aufstiegs aufweist.

Die Frequenz der Energie, die auf die Erde kommt, wird sich auch nach dem Aufstieg in die Fünfte Dimension weiter erhöhen und euch so die Möglichkeit zur Integration und Umsetzung geben. Ihr seid auf einer neuen Energieebene angelangt, die sich weiterentwickelt. Ihr legt in dieser Zeit die Basis für das menschliche Zusammenleben auf der Erde, auf die die nächsten Generationen aufbauen können. Eine unglaubliche Schaffenskraft prägt die momentanen Generationen. Ihr seid Spezialisten des Dimensionswechsels. Eure Inkarnation war also kein Zufall, sondern göttliche Planung. Anerkennt eure Inkarnations-Motivation und nehmt eure Aufgabe an. Sie besteht in der Integration des Lichts in eurem Körper und eurem Leben, was auch immer ihr tut, wo auch immer ihr seid. Die Folge dieses Prozesses ist die Veränderung der Erde und eurer Gesellschaften.

Mit der stetigen Erhöhung der Energie werden auch immer wieder neue, kreative Ansätze der Veränderungs-strategien notwendig. Ihr könnt euch in naher und weiterer Zukunft noch nicht auf euren Lorbeeren ausruhen, son-dern werdet wachsam mit der neuen Erde an der Kreation eures Paradieses weiterarbeiten. Die blitzartigen Erkennt-nisse aus eurem Fundus werden eure Gesellschaften und die Erde bereichern und transformieren. Lasst diese Erkenntnisse in euch hochsteigen. Gebt ihnen die Chan-ce, sich in eurem Leben zu manifestieren. Anerkennt euer multidimensionales Wesen und Erbe und handelt danach. Göttliche Mitschöpfer in Aktion! Die Erde sehnt sich nach ihren Populationen, die in die neue Wirklichkeit erwachen und ihr Erbe annehmen. Gemeinsam geht ihr euren kos-mischen Weg ins Licht.

Mitschöpferkraft in der Neuen Dimension

Eure Mitwirkung an diesem wichtigen Dimensions-wechsel habe ich euch bereits unter vielen Aspekten be-schrieben. Es ist außerordentlich wichtig, dass ihr euch eurer Mitarbeit bewusst werdet, denn nur so könnt ihr die richtigen Schritte in eurem Leben und eurem Alltag wäh-len und lenken. Die Auswirkungen auf euer persönliches Leben, eure Umgebung und eure Gesellschaft werden es euch zeigen. Der Prozess des Dimensionswechsels fängt bei jedem einzelnen Menschen an und strahlt dann in sei-ne Umgebung. Jede Transformation, die ihr anstrebt und meistert, hat eine Wirkung auf das Ganze, denn wir sind alle eins im EINEN. Transformierte, befreite Persönlich-keiten werden den Aufstieg in die Fünfte Dimension be-schreiten und eine neue Menschengesellschaft auf Erden gründen. Jeder Mensch beherbergt in sich die Erinnerung des Paradieses, die er nun abrufen und umsetzen kann. Die erhöhte Schwingung, die Harmonisierung der Pola-ritäten, die Veränderung der Naturgesetze und die neu erarbeiteten gesellschaftlichen Paradigmen werden es ihm erlauben, dieses Paradies auf Erden neu zu errich-ten. Eure Mitschöpferschaft wird im multidimensionalen Fundus alles finden, wie das Leben auf Erden erfüllend, liebevoll und reich gestaltet werden kann. Eure kreativen Ideen werden keine Begrenzungen mehr kennen und ihre Umsetzung ein Leichtes sein. Viele Neuerungen sind je-doch in der aktuellen Dimension noch undenkbar, denn sie brauchen eine gewisse Schwingungsfrequenz, um sich realisieren zu können.

Ihr wachst jetzt rasant in die nächst höhere Dimension. Mitfließen, Schritthalten ist jetzt angesagt. Ihr werdet euch aber immer bewusster, wie sich die Sachlage verändert, wie sich das Leben auf Erden im Sinne des Ganzen einfacher und effektiver gestalten lässt. Je mehr ihr euch eurer Mitschöpferschaft bewusst werdet, desto mehr werdet ihr euch an der Kreation der neuen Erde beteiligen und euren persönlichen Beitrag leisten. Die Hingabe an das Projekt „Neue Erde" wird euch erfüllen und die Vereinigung aller Populationen zutiefst berühren. Aus dieser Gemeinschaft werden unglaubliche Errungenschaften hervorgehen: Euer Planet wird zum Juwel und seine Menschheit zu göttlichen Mitschöpfern, zu Meistern.

Mitschöpferschaft bedeutet, in seinem persönlichen Leben die Dinge anzuziehen und zu erschaffen, die einem selbst und dem Ganzen dienen. Negative, egoistische Ziele haben keine Chance des Überlebens, da sie energetisch keine Unterstützung mehr erhalten, sie werden sich auflösen. Denn je höher ein Mensch schwingt, umso harmonischer werden seine Bedürfnisse und Wünsche. Diese Harmonie wird die Basis zukünftiger Neuerungen und Errungenschaften, die Voraussetzung für ein neues Zeitalter, ein neues Miteinander auf der Erde und mit dem Kosmos.

Momentan seid ihr noch in der Vorbereitungsphase für den Oktavensprung. Ihr müsst euch an die Erhöhung der Energie gewöhnen und an die Veränderungen, die sie in euch und in eurer Gesellschaft verursachen. Im Laufe der Zeit werdet ihr jedoch euren Alltag immer stabiler meistern können und mehr Kapazität für eure Mitschöpferschaft haben. Ihr werdet lernen, mit euren Gedanken umzugehen, sie zu bündeln, um euer Ziel zu erreichen. Ebenso werdet ihr lernen, mit euren Gefühlen umzugehen, um sie in eine positive, aufbauende Richtung zu führen. Euer Verstand und eure Gefühle werden sich in eurem Herzen verbinden, um aus dieser Symbiose heraus eure Mitschöpferschaft zu aktivieren.

Die Herzensenergie ist der Basisbaustein der lichten Welten, die die göttliche Planung unterstützt und die Evolution vorwärtstreibt. Diese Herzensenergie wird auf Erden Frieden bringen und die Menschheit vollumfänglich nähren. Die resultierenden Errungenschaften werden die Menschheit erhöhen, und ihr werdet den Platz, der euch bestimmt ist, in den lichten Welten einnehmen. Eure Mitschöpferschaft wird sich auch auf den Kosmos ausdehnen, wo ihr gemeinsam mit euren Sternengeschwistern am Schöpfungsplan beteiligt seid. Geistige und physische Wesenheiten arbeiten gemeinsam für den EINEN. Diese Interaktion ist seit jeher eine Realität, sie wird euch aber im Laufe eures Erwachens immer bewusster. Durch diese Bewusstwerdung könnt ihr durch eure Interaktionen das gemeinsame Ziel besser anpeilen und erreichen und dabei den ganzheitlichen Aspekt vollumfänglich einbeziehen.

Die geistige und die physische Welt haben verschiedene Gesetzmäßigkeiten, die aber in symbiotischer Beziehung durchaus großartige Errungenschaften und Beziehungen erschaffen können. Das Stoffliche und Feinstoffliche werden bewusst erlebt und mitgestaltet, denn ihr seid göttliche Mitschöpfer. Die Liebe des EINEN strahlt in eure Schöpfung und gibt der Evolution den benötigten Schub. Die Beteiligung aller Mitschöpfer lässt die Evolutionsspirale immer weiterwachsen, zur Glorie des EINEN.

Die Neue Erde

Seit langer Zeit befindet sich die Erde im Schatten des Lichts. Wohl kamen zwischendurch immer wieder größere Lichtwellen auf die Erde und nährten ihre Bewohner, doch das Leben auf der Erde war beschwerlich und hart. Mit dem jetzigen Dimensionswechsel wird immer mehr Licht auf die Erde gespült, und dies verändert den Planeten und seine Menschheit beträchtlich. Eine Wiedergeburt der Erde und ihrer Menschen in eine höhere Daseinsoktave ist jetzt eingeleitet und wird in Kürze stattfinden. Die Erde und ihre Bewohner schreiten auf der Evolutionsspirale immer weiter ins Licht und werden sich mit den Lichtwelten verbinden. Dieser Prozess, der sich seit Jahrhunderten abzeichnete und momentan in seiner letzten Phase ist, hat viele Lernprozesse aktiviert und die Erde und die Menschheit langsam, aber stetig verwandelt. Bald wird die Erde die Schwingungsamplitude erreicht haben und den Dimensionswechsel vollziehen können.

Dieser Aufstieg in eine völlig neue Dimensionsqualität, und die daraus folgende Anpassung sind für die Erde und ihre Bewohner eine Herausforderung, die sie aber tagtäglich meistern. Nach einer gewissen Zeit der Anpassung werden sie lernen, mit dieser neuen hohen Schwingung zu leben und sich kreativ einbringen. Die Menschheit wird lernen, mit dieser Schwingung zu spielen, ihre Qualitäten auszuloten und ihre Unbegrenztheit erfahren. Ein neues Zeit-Raum-Gefüge wird ihr offenbart, das sie in den kosmischen Reigen der lichten Welten führen wird, und ihr die Zusammengehörigkeit zum Ganzen aufzeigen, in dem sie sich entfalten kann.

Die dazu nötigen Umwälzungen sind im Gange und werden sich noch beschleunigen. Die erhöhte Schwingung wird Erleichterungen in eurer Lebensweise, in der Umsetzung des Alltags und in der Anpeilung eurer Ziele aufzeigen. Dies wird euer Vertrauen in diesen Prozess stärken und eure Hingabe zur Folge haben. Diese Hingabe erlaubt euch, mit dieser Lichtströmung zu fließen, um zum richtigen Zeitpunkt am richtigen Ort zu sein, eure Kreativität zu leben und euch im Großen Ganzen eingebettet zu fühlen. Sie gibt euch Sicherheit in einer unruhigen und von Veränderungen gezeichneten Zeit.

Die neue Erde wird im Gegensatz zur alten einige größere Veränderungen durchleben, um bereit zu sein, ihren höher dimensionalen Weg zu gehen. Ihre Materie wird die energetisch hohen Lichtpartikel integrieren und ihre neue Strahlkraft den Kosmos befruchten. Das Ereignis „Neue Erde" wird tief in den kosmischen Raum dringen, ihn mit der neuen Erfahrung beleben und nähren. Was sich jetzt auf der Erde abspielt, kennt nichts Vergleichbares im Kosmos. Ein Planet der drei- und vierdimensionalen Dichte, der mit seinen Bewohnern in eine fünfdimensionale Dimensionsschwingung wechselt. Die Motivation und Zustimmung der Menschheit, diesen Dimensionswechsel mit der Erde zu begehen, wurden von euch vor sehr langer Zeit gewählt und kommen jetzt zu ihrer Erfüllung. Wahrlich, ein großes Experiment für die göttlichen Seelenanteile, die hier inkarnierten, diese Herausforderung anzunehmen und mit dem freien Willen durchzustehen. Dieser freie Wille ist auf Erden oberstes Gebot. Er unterstützt und beeinflusst eure individuelle Gesinnung und euer Leben. Diese Evolution der Menschheit wurde von den Menschen selbst gewählt und vollzogen. Dieses einzigartige Unternehmen bringt euch den Respekt und die Anerkennung eurer Sternengeschwister. Mit diesem Erfahrungsschatz bringt ihr euch im göttlichen Schöpfungsplan ein und bereichert das Ganze. Die jetzt inkarnierten göttlichen Seelenanteile bringen die Menschheit und die Erde bewusst zurück in den Schoß der kosmischen Familie. Wiedervereint, in der Liebe unserer Quelle, werden wir alle gemeinsam unseren Weg auf der Evolutionsspirale ins Licht weitergehen.

Die Liebe eurer Sternengeschwister begleitet euch seit langer Zeit. Ihre Hilfe musste sich aber in Grenzen halten, denn sie durften euer Gebot des freien Willens nicht verletzen, sondern euch nur ratgebend zur Seite stehen und euch ihre Liebe schenken. Bald werdet ihr ihnen bewusst gegenüberstehen und sie in die Arme schließen. Ein langer Weg nach Hause ist vollbracht. Der Tisch wird überreich gedeckt sein, und ihr werdet wieder vollumfänglich an der kosmischen Fülle teilhaben.

Diese Fülle, von der ihr abgeschnitten wart, wird sich mit der terrestrischen Materie verbinden, also auch mit eurem Körper. Mangel und Armut werden von eurem Planeten weichen. Die Materie wird sich jetzt nach und nach mit der Erde und euch vermählen. Diese Fülle ist nicht nur physisch, sondern ganzheitlich. Die kosmische Liebe wird die Erde vollumfänglich durchdringen, ihre Menschheit ganzheitlich nähren und alle Mangelerscheinungen auflösen. Dies wird völlig neue Strukturen schaffen, zum Beispiel in der Arbeits- oder Handelswelt. Viele alte Lebensparadigmen werden verabschiedet und neue geschaffen, die auf einer höher schwingenden Basis ruhen und multidimensionalen Charakter haben. Eine Multidimensionalität, die von einer fünfdimensionalen Schwingungsqualität ausgeht. Ihr könnt es euch wie einen großen Trichter vorstellen, der die kosmische Fülle aspiriert, sie auf die fünfdimensionale Plattform bringt und sie dort verteilt. Die Erde und ihre Menschen werden sich zuerst von ihren Mangelerscheinungen erholen und dann nach und nach diese Fülle integrieren, die simultan mit der hohen kosmischen Schwingung jetzt auf die Erde gespült wird. Damit diese Fülle ihren Platz einnehmen kann, müsst ihr eure alten Muster und Blockaden lösen, um Platz für das Neue zu schaffen. Seid offen für das Neue und lasst begrenzende Meinungen und Ideen fallen. Ihr könnt nur so viel Fülle aufnehmen, wie ihr es zulasst. Wie schon erwähnt: Ihr seid hier auf Erden in Verantwortung, und ihr bestimmt!

Diese kosmische Fülle ist die Liebe unserer Quelle, der Schöpfung selbst.

Diese Transitionszeit in die Fünfte Dimension endet an der Wintersonnenwende im Dezember 2012. Zu diesem Zeitpunkt wird die Erde die notwendige Schwingungsfrequenz erreicht haben und in die nächst höhere Dimensionsdichte eintreten. Die Schwingungsfrequenz erhöht sich bereits seit Jahren und wird zu diesem Zeitpunkt die nötige Amplitude erreicht haben. Diese hohe Schwingung ist ähnlich wie ein reißender Fluss, der sich nach andauerndem Regen, wenn die Flüsse steigen, kraftvoll durch eure Länder ergießt. Dieser Zustand wir noch einige Jahre andauern, ungefähr bis 2025. Danach wird diese Übergangszeit durch einen gemäßigteren Rhythmus abgelöst. Nach dieser Phase werdet ihr definitiv in der Fünften Dimension sein und euch an die erzeugten Veränderungen gewöhnt haben.

Die Anpassung der Erde an die neue Dimension wird abgeschlossen sein und die Menschen ihre Transformation bewerkstelligt haben. Ihr werdet mit neuen Eindrücken leben und euch der hohen Energie anpassen. Von Grund auf neue Lernerfahrungen müssen von allen Menschen angegangen werden, denn die alten Paradigmen lösen sich auf. Ihr könnt euch also nicht auf alte Erfahrungswerte stützen, sondern müsst versuchen, mit dieser hohen Energie umzugehen und eure Gesellschaft neu zu strukturieren. Die Hingabe an diese hohe Energie wird euch helfen, im Hier und Jetzt zu stehen, um so Zukünftiges zu kreieren. Nur ganzheitliche Ansätze werden realisierbar sein, aber das wird für euch zur Selbstverständlichkeit.

Eure weiblichen und männlichen Anteile werden gemeinsam in Harmonie an der Kreation der neuen Erde mitarbeiten. Ebenso wird euer multidimensionales Erbe euch zur Verfügung stehen und der Energieverlust durch starke Polarität überwunden sein. Die Naturgesetze werden sich der hohen Schwingung anpassen und euch zum Umdenken zwingen. Der Alltag auf Erden wird revolutioniert, und dies kennt nichts Vergleichbares. Die nächsten Jahre sind demzufolge eine enorme Wachstumsphase auf eurer Evolutionsspirale, denn die Menschheit wird zum bewussten kosmischen Mitschöpfer, zum kosmischen Lichtbürger, der sich bewusst mit seiner Sternenfamilie wieder vereint und gemeinsam mit ihr die universellen Geschicke mitgestaltet.

Ihr werdet es kaum fassen, was alles in euch steckt und wozu ihr fähig seid. Es ist eine Wiedergeburt in eine neue Daseinsebene. Die Menschheit geht ihrer Blüte entgegen, und mit ihr die Erde, eure wunderbare Heimat. Das ganze Potenzial einer erwachten Menschheit steht euch zur Verfügung, in Kombination mit den kosmischen Kräften, derer ihr euch jetzt bedienen dürft.

Diese Wachstumsperiode hat natürlich auch Auswirkungen auf die Spiritualität der Menschen. Wie bereits erwähnt, seid ihr göttliche Funken in Aktion und ein Teil eures Selbst ist immer mit unserem Schöpfer verbunden. Eure innere Sehnsucht nach Einheit, nach Gott, wird jetzt durch die hohe Energie stärker hervortreten und euch wieder an den göttlichen Anteil in euch binden. Ihr werdet euch eurer Göttlichkeit bewusst und bringt diese Einsicht in euren Alltag. Die daraus resultierenden gesellschaftlichen Veränderungen liegen auf der Hand: Die göttliche Liebe wird durch euch die Erde umarmen und menschenwürdige Verhältnisse schaffen. Der Mensch wird zum Mittelpunkt eurer Errungenschaften, immer im Sinne eures Planeten Erde. Die spirituelle Entwicklung der Menschheit wird in den nächsten Jahrhunderten die Erde zum Paradies machen, die Bewohner der Erde werden im kosmischen Einklang leben und ihre göttliche Mitschöpferschaft zum Wohl der Einheit einbringen, die göttliche Vielfalt ergänzen und ausdehnen.

Der neue Zyklus, in den ihr jetzt eintretet, ist wahrlich die Blütezeit dieses Planeten und ihrer Menschheit. Die Erde wird zum Juwel im kosmischen Reigen und ihre Strahlkraft bis in die entferntesten Winkel im Raum spürbar sein. Die Künste und die Wissenschaften werden eine ungeahnte Entwicklung erreichen. Durch eure harten Lernprozesse der Vergangenheit und euer Engagement in der neuen Dimension habt ihr euch einen großen Erfahrungsfundus angeeignet, mit dem ihr vielen Raumbrüdern unterstützend zur Seite stehen werdet. Ihr seid Entwicklungspioniere besonderer Güte, denn ihr habt auch die göttliche Liebe in euren Evolutionsplan einbezogen, euch willentlich für den Weg des Lichts entschieden und keine Strapazen gescheut.

Mit großer Bewunderung begleiten wir euch auf diesem Weg. Unsere Herzen sind nun vereint, und unsere gemeinsame Reise ins Licht ist unsere Zukunft. Das Licht und die Liebe werden uns führen, bis in alle Ewigkeit.

Die Milchstraße und unser Universum sind durch die Erhöhung der Erde stärker und glanzvoller – unsere Quelle bereichert.

Mit den Augen eurer Sternengeschwister

Die Erde ist ein Planet der Vierten Dimension, der sich am Rande der Milchstraße befindet. Die Milchstraße ist eine große Galaxie, die unzählige Sternensysteme beherbergt und von einem Zentrum genährt wird. Dieses Zentrum ist wie eine mütterliche Wesenheit, die ihre Kinder mit ihrer Energie nährt, pflegt und unterstützt. Das Sonnensystem, in dem sich die Erde bewegt, wird nun stark vom galaktischen Zentrum angezogen und für eine energetische Erhöhung vorbereitet. Diese Erhöhung erfährt also nicht nur die Erde, sondern auch die Planeten ihres Sonnensystems und ihre Sonne. Die Zeit ist jetzt reif, diesem Verbund den Platz einzuräumen, der ihm vorbestimmt ist, das heißt, er wird näher an das Zentrum rücken und höheren galaktischen Energien ausgesetzt. Dieser Prozess hat auf Erden Veränderungen verursacht und erhebt den Planeten jetzt in die Fünfte Dimension, eine Dimension, die mit den bekannten Dimensionsqualitäten nicht zu vergleichen ist.

Dieser Aufstiegsprozess ist euren Sternengeschwistern bekannt, sie beobachten ihn seit geraumer Zeit und versuchen, der Erde und ihrer Menschheit, immer mit dem Vorbehalt des freien Willens, der auf der Erde herrscht, zu helfen und sie zu unterstützen. Alle kosmischen Bewohner des Lichts haben eine gemeinsame Qualität: ein liebendes Herz für die Schöpfung und die Vielfalt ihrer Bewohner. Auch wenn sich diese Vielfalt in sehr unterschiedlichen Körpern manifestiert, ist doch ihre Herzensqualität kongruent und mit unserem Schöpfergott, unserer Schöpfergöttin, verbunden.

Ihre Daseinsqualität verkörpert die Liebe unserer Quelle zur Schöpfung und veranlasst sie, die Liebe in all ihren Facetten zu leben, weiterzugeben und zu lehren. Diese Lehren findet ihr in euren alten Schriften, Mythologien und antiken Bauwerken.

Mit großer Freude werden nun die Feierlichkeiten für den Aufstieg der Erde in die Fünfte Dimension vorbereitet. Ein Aufstieg, der nicht mehr von den Dunkelmächten vereitelt werden kann. Die Menschheit hat sich für diesen Aufstieg und für den Weg ins Licht entschieden und ist nun daran, die letzten Stufen zu erklimmen, um ihr multidimensionales Erbe wieder anzutreten, um wieder Teil der Sternenfamilie zu werden. Das Experiment Erde geht mit neuen Herausforderungen in eine höhere Stufe. Dieses Mal werdet ihr aber eure Lernprozesse partnerschaftlich mit euren Sternengeschwistern meistern. Die Isolation der Erde wird durch eure eigene Erkenntnis aufgehoben, denn mit den hoch schwingenden Energien werdet ihr euch der Täuschung der Trennung bewusst. Harmonisierte Polaritäten werden das Ihre dazu beitragen und den Menschen der Erde Frieden und Gelassenheit bringen. Qualitäten, die tief in eurem Gedächtnis wieder auftauchen, jetzt aber umgesetzt werden können. Viele alte Erinnerungen aus eurer Sternenzeit motivieren euch und geben euch den Rahmen für eure Unternehmungen.

Eure kosmischen Erinnerungen kommen jetzt nach und nach an die Oberfläche. Ihr spürt, dass ihr noch andere Inkarnationen im kosmischen Raum hattet und mit anderen Gesetzmäßigkeiten lebtet. Diese Ahnungen konkretisieren sich jetzt und öffnen die Tore eures mentalen Körpers, der in der Dichte der momentanen Erdendimension gefangen wurde. Eure Begrenztheit löst sich auf und erlaubt euch, in die Weite zu gehen und mit kosmischen Dimensionen konfrontiert zu werden. Dieser Prozess verlangt aber, dass ihr gut mit Mutter Erde verbunden seid, denn sie gibt euch Stabilität und Geborgenheit, um in den kosmischen Raum vorzustoßen. Diese Verankerung wird euch den Mut und die Kraft verleihen, eure Grenzen zu sprengen und Neues anzupeilen.

Eure Sternengeschwister wissen um diesen Prozess, und sie werden euch erst kontaktieren, wenn ihr die Stabilität auf der Neuen Erde erreicht habt, denn sie lieben euch und möchten für euch nur das Beste. Dieser extraterrestrische Austausch mit euren Nachbarn soll ja dem Ganzen dienen, damit ihr partnerschaftlich eure Evolutionsreise fortführen könnt. Wie gesagt, dieser Prozess beginnt im Innersten jedes Menschen, um sich dann auf der Erde zu konkretisieren. Akzeptiert eure Ahnungen und lasst diesen Prozess zu. Es ist eine Auswirkung der hohen Schwingungen, die jetzt auf die Erde kommen. Die Erhöhung der

Schwingungsfrequenz der Erde sprengt eure Begrenztheit in allen Belangen, auch die feinstofflichen Welten werden euch offenbart, denn eure Evolutionsreise geht dem ganzheitlichen Aspekt der Erde zu. Die Interaktion mit Elfen, Devas und Gnomen wird sich nicht mehr nur in Märchen abspielen, sondern ihr werdet bewusst mit ihnen zugunsten der Erde arbeiten. Ihre Mithilfe bei der Kreation der Neuen Erde ist von größter Wichtigkeit, denn sie kennen die Belange der Erde, sie sind ihre Spezialisten. Die Menschen werden viel von ihnen lernen und die Erde besser verstehen.

Der Kontakt mit Sternengeschwistern und Erdgeistern erfolgt ausschließlich nonverbal auf der Herzensebene. Auf telepathische Weise tretet ihr mit ihnen in Kontakt. Es ist eine Liebesbeziehung auf hoher Ebene, und ihr werdet mit einer liebevollen Gesinnung ihre Wünsche und Bedürfnisse verstehen und euch genauso einbringen können.

Die Entwicklung eurer Herzensqualität und das Bedürfnis, in die Stille zu gehen, geben euch die Plattform für diese Zusammenarbeit. Erspürt schon jetzt eure Umgebung in diesem Sinne und versucht, ihr auf der Herzensebene zu begegnen. Was teilen euch die Pflanzen und Bäume mit? Welche Mitteilung gibt euch ein Kraftort, welche Schwingung erspürt ihr dort? Welche Schwingung erspürt ihr bei euch zu Hause? Warum fühlt ihr euch an einem bestimmten Ort gut und an einem anderen Ort nicht? Alles Fragen, die euch beantwortet werden, wenn ihr sie stellt. Die Dimension der Erdgeister war schon seit Anbeginn vorhanden, doch wurde sie nur von Kindern und Sensitiven wahrgenommen. Schade, denn sie sind Teil eurer Erde und unterstützen euch. Eine bewusste Zusammenarbeit eurerseits würde euch und der Erde helfen, wieder ins Gleichgewicht zu kommen.

Das Gesetz „wie oben, so unten" bezieht sich auch auf die Erdgeister. Auch sie haben, ähnlich wie eure Sternengeschwister, vielfältige Ausdrucksformen und Körper. Beiden begegnet ihr auf der Herzensebene, und beide sind nicht von euch getrennt, denn sie arbeiten gemeinsam mit euch an der Entfaltung des Lichts, sind Teil unserer Quelle und unseres Schöpfergottes, unserer Schöpfergöttin.

Durch das Auflösen eurer mentalen Begrenzung werdet ihr schrittweise die Vielfalt der Schöpfung erkennen, sie genießen und euch gegenseitig austauschen. Die Fülle unseres Schöpfers wird euch vollumfänglich zuteil. Ihr seid Teil dieser Fülle, Teil der Quelle, kosmische Mitschöpfer.

Eure Sternengeschwister sehen die Mühsal von euch Menschen, sie wissen aber auch um den Prozess, in dem ihr seid, und um seinen Ausgang. Sie beurteilen und bewerten euch nicht, sondern begegnen euch mit bedingungsloser Liebe. Das Erwachen eines Großteils der Menschen können sie mitverfolgen, und ihre Freude am bewusstseinsmäßigen Wachstum der Erdenbewohner ist groß. Der Planet Erde schwingt bereits höher durch die Integration des Lichts bis tief in die Materie und wird bald die Amplitude des Aufstiegs ausstrahlen. Die Vergeistigung der Materie rückt voran und gibt der Erde und ihren Bewohnern eine spezielle Ausstrahlung, die vom Raum sehr gut wahrgenommen werden kann. Das einmalige Ereignis des Aufstiegs in eine höhere Daseinsoktave gibt der Erde und ihren Menschen den bewussten Zugang zum kosmischen Raum, zu ihren Sternengeschwistern. Die Trennung gehört der Vergangenheit an, und die Einheit wird auf der Erde erkannt und gelebt werden. Multidimensionalität wird zum realen Begriff, der umgesetzt werden kann und wird. Eine neue Plattform Erde, die den Raum in Zusammenarbeit mit euren galaktischen Nachbarn bereist und erkundet. Eine Erde, die sich der göttlichen Schöpfung verpflichtet und die Integration des Lichts immer mehr verfeinert und ausdehnt. Der gemeinsame kosmische Tanz wird nun in der Liebe unserer aller Quelle mit der Erde weitergeführt.

Die Jahrtausende der Trennung sind vorüber! Sehr bald werden wir den Liebesaustausch gemeinsam zelebrieren. Unsere Erwartung ist hoch und unsere Liebe grenzenlos! Willkommen zu Hause, im Schoß eurer kosmischen Familie, eures Ursprungs.

Das Maß aller Dinge

Die Priorität in eurem Leben solltet ihr momentan euch selbst geben. Das hat nichts mit Egoismus zu tun, sondern mit der Beachtung euer inneren Prozesse und Transformationen, die sich in dieser Endphase vor dem Aufstieg noch oder wiederholt präsentieren und erlöst werden wollen.

Auch wenn ihr meint, gewisse Muster bereits gelöst zu haben, können sie abermals an die Oberfläche kommen, weil sehr tiefe Schichten eurer Psyche noch damit belastet sind. Die hohen Lichtpartikel, die ihr jetzt integriert, sind wie Zentrifugen. Sie lösen negative Muster auf und bringen sie an die Oberfläche, um bearbeitet zu werden. Konfrontiert euch also mutig mit diesen negativen Themen und löst sie definitiv auf. Erleichterung wird euer Lohn sein, verbunden mit einem befreiten Körpergefühl der Auferstehung. Der bevorstehende Aufstieg ist eine Wiedergeburt in eine neue Daseinsoktave, die keine alten negativen Muster zulässt. Euer Körper wird durch diesen Aufstieg erneuert, verfeinert und vergeistigt.

Die Fünfte Dimension bringt eine Vergeistigung der Materie mit sich. Die ganze Materie wird sich mit Licht aufladen und ihre Dichte verändert. Deshalb werden die euch bekannten Naturgesetze entsprechend der Dichte verändert. Ihr werdet schrittweise darauf vorbereitet und eure Technologien und Verhaltensweisen entsprechend anpassen müssen. Es wird ein allgemeines Umlernen stattfinden. Glaubt mir, es wird alles einfacher. Aber zuerst müsst ihr euch an das Neue gewöhnen: Multidimensionalität – Nonlinearität – neue Dichte der Materie – Harmonisierung der Polaritäten. Dies sind für euch jetzt nur Schlagwörter, mit denen ihr aber bald arbeiten werdet und die euer Leben auf der Erde revolutionieren werden.

Diese Veränderungen brauchen euch nicht zu ängstigen, denn der Energiepegel wird sich zwar schnell, aber schrittweise erhöhen, bis er sich auf einer gewissen Ebene einpendeln und danach in gemäßigterem Tempo ansteigen wird. Diese Transitionsphase in die Fünfte Dimension wird wohl die schwierigste sein, weil ihr euch immer wieder mit der vorhandenen Energieebene auseinandersetzen und euch anpassen müsst.

Deshalb rate ich euch sehr, euch in dieser chaotischen Zeit immer wieder Auszeiten zu nehmen, damit ihr diese hohe Energie in eurem Körper integrieren könnt, Zeit habt, auf seine Signale zu hören und an euer Potenzial zu gelangen. Dieses Potenzial ist euer Fundus an Talenten, das ihr euch in all euren Inkarnationen erarbeitet habt. Es steht euch jetzt wieder zur Verfügung und kann von euch aktiviert werden. Befragt euer Innerstes, euer göttliches Selbst. Es wird die Talente, die ihr jetzt braucht, reaktivieren und euch zur Verfügung stellen, zum Beispiel Malen, Schreiben, Musizieren, vor Publikum sprechen usw. Ihr findet in eurem Fundus bestimmt ein Leben, in dem ihr dieses Talent gelernt und ausgeübt habt. Wenn ihr also in die Stille geht, in eure Mitte, könnt ihr diese Zwiesprache mit eurem göttlichen Selbst führen und euch von ihm leiten lassen.

Eure große Herausforderung ist die Suche nach Antworten in eurem Inneren und nicht mehr im Außen. Euer Innerstes ist eine regelrechte Schatztruhe, die nur euch gehört und nur von euch geöffnet und umgesetzt werden kann.

Das Maß der Dinge ist die Liebe zu euch und zu Allemwas-ist. Die Liebe zu euch ist wohl das Schwierigste, denn sie beinhaltet, euch zu akzeptieren, wie ihr seid, euch zu verzeihen und mit euch Geduld zu haben. Euch den Raum einzuräumen, den ihr braucht, zu euch zu stehen. In einer hektischen Zeit ist dies wahrlich nicht einfach, denn diese innere Suche nach euch selbst braucht eben die Auszeiten, die ich bereits erwähnt habe. Sucht die Liebe nicht im Außen, denn sie ist eine Illusion. Eine sich selbst liebende Persönlichkeit wird die Ekstase erleben, nach der sie sucht, denn ein Partner oder eine Partnerin wird kein Vakuum mehr füllen müssen. Wenn ihr lernt, euch selbst bedingungslos zu lieben, seid ihr auch bereit, diese Liebe weiterzugeben. Eure ganze Persönlichkeit wird diese Liebe ausstrahlen. Sie macht euch stark und unverwundbar. Ihr werdet zum ICH BIN. Die bedingungslose Liebe zu euch entspringt eurer Göttlichkeit und verbindet euch mit der Quelle allen Seins.

Der Anstieg der Energieschwingung hilft euch, diese Liebe zu euch und zu Allem-was-ist zu entwickeln. Die inkarnierten göttlichen Funken werden die Erde in den gewünschten Garten Eden verwandeln, und eure Erdenmission wird vollbracht sein.

Die Erdenmission der jetzt inkarnierten Seelen

Viele Menschen, die jetzt in dieser Transitionszeit auf der Erde inkarniert sind, kennen diesen Planeten sehr gut, weil sie seit Jahrtausenden seine Geschicke mitgeprägt haben. Die Motivation zur Inkarnation war für viele Seelen, der Erde und ihren Bewohnern, bei der Entwicklung ins Licht zu helfen – die göttliche Liebe auf dem Planeten zu verankern. Seit Anbeginn der Zeit wart ihr, Inkarnation nach Inkarnation, bestrebt, dieses Licht, diese Liebe auf Erden zu manifestieren. Ihr habt große Strapazen auf euch genommen und könnt nun den Abschluss eurer Erdenmission feiern. Die Erde ist euch in dieser langen Zeit sehr ans Herz gewachsen und zu eurer Heimat geworden. Als Sternensaat kamt ihr, und es wird euer Entschluss sein, ob ihr wieder zu eurem Sternenursprung gehen, oder ob ihr nach erfolgreicher Mission wieder auf der Erde inkarnieren wollt. Als Evolutionsspezialisten habt ihr euer Bestes gegeben, und die Anerkennung eurer Verdienste wird in den Raum schallen. Ihr habt die Erde und ihre Bewohner in schwierigen Lernprozessen unterstützt, ihnen durch eure Liebe den Weg bereitet und Pionierarbeit geleistet, die euch viel abverlangte und euch zum Teil teuer zu stehen kam.

Meine Lieben, diese Zeiten sind bald vorbei. Ihr werdet bald anerkannt für das, was ihr seid. Euer Einsatz wird belohnt. Ihr werdet die Auferstehung in die Fünfte Dimension meistern und dieses Tor für viele Menschen öffnen. Ihr seid die Wegbereiter dieser Generation, ihre Stützen und Vorbilder.

Manche Errungenschaft wird durch eure Initialzündung geboren, neue Paradigmen erschaffen und die Ausdehnung des Lichts unterstützt werden. Ihr werdet die Grundmotivation all eurer Inkarnationen umgesetzt wissen und die Verankerung der göttlichen Liebe auf Erden feiern. Mit großer Dankbarkeit dürft ihr auf euren Erdenzyklus zurückblicken, der euch jetzt die Meisterschaft bringt, die euch wieder in euren Sternenschoß zurückführt, von dem ihr euch willentlich trenntet, um die Erdenerfahrung mitzugestalten und die Menschen in die höhere Daseinsoktave zu führen. Vergangene Mühsal ist aufgelöst, und ihr schreitet jetzt als bewusste göttliche Lichtpartikel auf eurem Weg auf Erden und im Kosmos. Eure begrenzte Wahrnehmung ist Geschichte und die Verbindung mit Allem-was-ist Realität. Die Verschmelzung der göttlichen Lichtpartikel im EINEN und gleichzeitig als individuelle Wesenheiten in Aktion. Ihr werdet Teil der bewussten himmlischen Heerscharen, die ihren Einsatz zum Lob des EINEN führen. Mitschöpfer im universellen göttlichen Plan. Ihr seid bis in die dichteste Materie vorgedrungen und wart ihre Transformationshilfe in eine höhere Daseinsoktave.

Jeder Mensch trägt die göttliche Blaupause in sich und schöpft aus seinem weiblichen Anteil. Die Weiblichkeit, die jedem Menschen innewohnt, wird nun reaktiviert und durch den männlichen Anteil umgesetzt. Die Weiblichkeit wird wieder ihren Platz auf Erden einnehmen, der ihr gebührt, den Wiedergeburtsprozess unterstützen und die Neue Erde erschaffen. Durch die Harmonisierung der Polaritäten wird dies ein partnerschaftliches Miteinander, eine Mitschöpferschaft auf einer neuen Daseinsebene. Versucht, eure weiblichen Anteile zu leben und lasst dieses Potenzial an die Oberfläche kommen. Dieser Aufstieg in die Fünfte Dimension ist ein ganzheitlicher Prozess. Alle eure Anteile werden jetzt gebraucht, alle eure Talente eingesetzt zum Wohl des Ganzen, zum Wohl der Menschheit und von Mutter Erde. Eine erneuerte, verantwortungsbewusste Menschheit im Besitz all ihrer Talente wird mit dem Raumschiff Erde die Reise im Kosmos weiterführen und die Lichtspirale weiter erklimmen.

Der Ausweg

Wie ich schon erwähnt habe, leben jetzt auf Erden Menschen mit langer Erderfahrung und einer speziellen Liebesmotivation der Erde und den Menschen gegenüber. Nicht alle jetzt lebenden Menschen gehören in diese Kategorie, viele Seelen inkarnierten auf der Erde aus anderen Motivationsgründen. Die Erde bietet stark polare, drei- und vierdimensionale Erfahrungsprozesse mit freiem Willen an. Diese Lernprozesse wurden von vielen Seelen gewählt, um ihren Erfahrungsschatz zu vergrößern. Auch diese Menschen sind natürlich kosmischen Ursprungs, ihre Heimatgefühle zur Erde sind aber nicht so nachhaltig. Sie fühlen sich auf der Erde zum Teil fremd, haben Mühe, mit dieser Dichte und den entsprechenden Erdgesetzen zu leben.

Einige kamen nur, um die Lernprozesse in dieser Aufstiegsphase mitzuerleben. Ihre Motivationsqualität gibt ihnen den Auftrag oder die Verpflichtung, diesen Aufstieg mitzugestalten und mitzutragen oder aber, sich um eigene Belange zu kümmern.

Durch die drastische Erhöhung der Energie in dieser Transitionszeit werden es viele Seelen vorziehen, diesen Planeten zu verlassen, um sich anderweitig weitere Lernprozesse anzueignen. Diesen Entschluss trifft jede Seele individuell, denn jede Seele hat ihre eigenen Motivationsgründe, welche Erfahrungen sie kennenlernen möchte.

Für die Hinterbliebenen ist es immer schwierig, einen der Ihren loszulassen, doch wisset, dass ihr im Grunde immer miteinander verbunden bleibt, auch wenn es in eurer physischen Dichte nicht danach aussieht. Wir sind alle eins, die Trennung ist eine Illusion eurer drei- und vierdimensionalen Dichte. Bald werdet ihr das durch die weitere Erhöhung der Schwingungsqualität auf Erden erkennen. Der Tod ist lediglich eine Metamorphose in eine andere Daseinsrealität. Die Liebe, die ihr ausstrahlt, die Liebe, die ihr für Verstorbene empfindet, kennt keine Dimensionsgrenzen. Sie durchstrahlt alle Existenzebenen, von der dichtesten Materie bis zu unserer Quelle. In Liebe seid ihr immer mit euren Ahnen und Verstorbenen verbunden und könnt euch so auf eurem Entwicklungsweg unterstützen. Ihr seht, die Herzensqualität sprengt alle Grenzen. Dies wird in der neuen fünfdimensionalen Realität die Basis eures Zusammenlebens auf Erden und im Kosmos sein. Die Liebe zu euch und den anderen wird der Motor eurer zukünftigen Handlungen auf Erden und im Raum.

Der Ausweg in andere Lernerfahrungen und Daseinsrealitäten ist also nur ein Wechsel in andere kosmische Schulen oder Spielplätze. Der Tod bezieht sich nur auf eure physische Hülle, denn ihr seid unsterblich und ewig mit unserem Schöpfergott, unserer Schöpfergöttin, verbunden. Durch eure Lernerfahrungen tragt ihr zur Ausdehnung und Vielfalt der Schöpfung bei.

Wir sind alle miteinander verbunden und unterstützen

und helfen einander. Dies ist auch der Grund dieser Botschaften. Die göttliche Liebe verbindet uns auf ewig. Wir sind alle eins in unserem Schöpfergott, in unserer Schöpfergöttin.

Die vielen Lebenszyklen, die ihr auf einem Gestirn verbringt, prägen eure DNS, euer Verhalten und euer Aussehen. Diese Qualitäten bringt ihr dann auf andere Gestirne, auf denen ihr lebt, ein. Es entsteht dadurch eine kosmische Bereicherung der DNS. Das ist gut so, denn wir sind ja nicht getrennt voneinander und haben alle den gleichen DNS-Ursprung. Er wird so nur bereichert durch die unterschiedlichsten Lernerfahrungen in verschiedenen Dimensionsdichten. Wenn die Erde und ihre Menschen jetzt den Oktavensprung in die Fünfte Dimension begehen, wird das für viele unter euch eine Art *Déjà-vu* auslösen. In eurer Erinnerung werden bekannte Gefühle und Lösungsansätze hochkommen. Die erhöhte Schwingung und deren Konsequenzen werden für euch nicht fremd sein und die Anpassung so erleichtert. Ihr habt wiederum euren multidimensionalen Schatz zur Verfügung und könnt damit arbeiten. Die vielen Rassen auf Erden, die vielen verschiedenen Haarfarben, die unterschiedlichen Körper, alles hat einen kosmischen Ursprung. Der Kosmos hat eine große Vielfalt an Lebensformen. Einige davon wollten die Erde genauer kennenlernen und haben sich hier etabliert. Die Erinnerung an eure kosmischen Wurzeln wird euch beflügeln und euch den Raum näherbringen. Die Trennung, unter der ihr so lange gelitten habt, wird sich auflösen, und ihr werdet eure Sehnsucht nach eurem Heimatgestirn stillen können. Es wird auf einmal alles Sinn machen, und ihr könnt eure damalige Entscheidung nachvollziehen. Die Liebe wird euch zurückführen zu eurem Ursprung. Da Trennung eine Illusion ist, werdet ihr alles im Hier und Jetzt erleben.

Die kosmische Vielfalt erlebt ihr auch in eurer Flora und Fauna, in euren Bauwerken, in der Kunst und in der Wissenschaft. Viele Menschen werden von ihrem Ursprung geleitet und haben geniale Schätze auf Erden manifestiert. Auch wenn sie sich zum Teil nicht bewusst erinnerten, so konnten sie doch ihre DNS aktivieren und Kunstwerke in allen Bereichen erschaffen. Die kosmische Familie ist bereits seit Äonen bei euch, und sehr bald werden wir uns bewusst in die Arme schließen.

Die Geschichte eures Heimatplaneten Erde wird euch erschlossen und euch Klarheit bringen. Eure Zugehörigkeit zum Kosmos ganzheitlich verstanden werden.

Wir sind alle EINS im EINEN.

Die Essenz der Liebe

Die göttliche Liebe durchdringt den ganzen Mikro- und Makrokosmos. Sie hält die atomare Struktur zusammen und ist sozusagen das Gravitationsfeld der Schöpfung. Die ganze Materie besteht aus reinster göttlicher Liebesenergie. Sie ist der physische Ausdruck unseres Schöpfers/ unserer Schöpferin und pulsiert in deren Einklang. Dieser Puls ist ähnlich unserem Herzschlag und transportiert die Göttlichkeit in die Physis. Es gibt demzufolge keine tote Materie. Wir sind alle Bestandteil einer lebenden Schöpfung, eines lebenden Gottes, einer lebenden Göttin. Wir bringen uns alle zu ihrer Lobpreisung in die Schöpfung ein. Alles-was-ist, jemals war und sein wird, entspringt unserer göttlichen Quelle. Alles ist verbunden und eins. Die gesamte Schöpfung ist von der göttlichen Liebesenergie durchdrungen.

Die Materie ist also verdichtete Liebesenergie, Ausdruck des Göttlichen. Die in der Schöpfung wirkenden göttlichen Seelenanteile bereichern die Quelle und dehnen sie aus. Einige dieser göttlichen Seelenanteile sind zum Beispiel momentan hier auf Erden inkarniert. Die ganze Menschheit ist also Teil dieser Gottheit – unseres Schöpfers, unserer Schöpferin.

Mit anderen Worten: Jeder Mensch ist göttlich. Diese eure innewohnende Gottheit wird euch jetzt allmählich bewusst und euer Verantwortungsgefühl entsprechend prägen. Jeder Mensch ist demzufolge mit Allem-was-ist verbunden. Was ihr also jemand anderem etwas zufügt, fügt ihr euch selbst zu.

Durch die Erhöhung der Schwingungsfrequenz potenziert sich diese Liebesenergie und findet ihren Ausdruck in euch selbst, in eurer Gesellschaft und auf eurem Planeten. Mutter Erde ist wie ihr ein göttlicher Seelenanteil, eine lebende Wesenheit, die die Liebe unseres Schöpfers ausdrückt und anderen Seelenanteilen als Plattform für ihre Entfaltung dient. Spürt ihre Liebe zu euch. Gemeinsam könnt ihr eure Liebe für die Schöpfung einbringen und IHRE Herrlichkeit lobpreisen und bereichern.

Die Erde ist eure nährende Mutter, euer Zuhause. Auch wenn ihr eine Sternensaat seid, wird doch das Gestirn, auf dem ihr momentan eure Lernprozesse macht, zur eurer Heimat. Durch die Verbundenheit mit Allem-was-ist könnt ihr auf der Erde inkarniert sein und trotzdem eure Sternenwurzeln fühlen und leben. Die Essenz der Liebe, die alles durchdringt, macht dies möglich. Durch die Entwicklung eurer DNS werdet ihr die Liebesaspekte, die ihr auf anderen Gestirnen erlernt habt, auch auf die Erde ausdehnen. Die Interaktion des Raums mit der Erde findet deshalb schon jetzt durch euch statt. Bei den ersten Kontakten mit euren Sternengeschwistern werdet ihr also einer vertrauten Familie begegnen. Die Liebesenergie, die euch umfangen wird, ist nichts Fremdes, sondern ebenfalls Teil von euch.

Die Essenz der Liebe baut die Lichtspirale zum Göttlichen. Wo keine Liebe ist, ist Schatten. Lieblosigkeit wirkt sich destruktiv aus, wohingegen die Liebe der Baustein der Schöpfung ist. Sie ist die göttliche Kraft, die die Schöpfung nährt, am Leben erhält, ihr erlaubt, sich weiter auszudehnen und zu entwickeln. Der ganze Kosmos ist Ausdruck der Liebe unseres Schöpfers, unserer Schöpferin, und wir alle sind Liebesfunken in Bewegung.

Auch wenn sich die Menschheit zum Teil dieser Tatsache noch nicht bewusst ist, ist sie dennoch in diese Liebe eingebunden. Die kommenden Jahrzehnte werden die Menschheit wieder zu ihrem Seelen- und Menschenrecht zurückführen und dort erneut anbinden. Sie werden sich erinnern, wer sie sind, woher sie kommen und wohin sie gehen. Es findet ein Erwachen in Liebe statt, und ihre Ausströmung wird die ganze Schöpfung bereichern. Die Ekstase der Liebe zu Allem-was-ist – Mitschöpfer im Ganzen – der Tanz der Tänze, bis in alle Ewigkeit.

Die Menschheit war von diesem Geschehen seit Jahrtausenden mehrheitlich abgeschnitten, doch diese Trennung wird nun bald definitiv gelöst, und die Liebe kann auf Erden ihr Werk vollenden.

Die Erde wird aufgenommen in die Lichtfamilie und dort ihren Platz einnehmen, der ihr gebührt. Die Menschheit wird zum himmlischen Geschehen beitragen und die Lichtspirale weiter erklimmen. Die göttliche Liebe dehnt sich weiter aus, unser Universum funkelt wie ein hochkarätiger Diamant sein Licht in den Kosmos. Die Universen erblühen im Angesicht Gottes, denn jeder Beitrag eines Einzelnen hat Auswirkungen auf das Ganze. Jeder Einzelne ist in Verantwortung, wird von der göttlichen Liebe getragen und genährt. Dieser Liebesfluss ist die Essenz des Lebens für alle.

Sternenwissen

Vor Jahrtausenden siedelten sich am Nil, im heutigen Ägypten, verschiedenste Sternengeschwister an, um der Erde kosmische Informationen zur Gründung neuer Zivilisationen zu bringen. Eure jetzige westliche Kultur auf Erden basiert weitgehend auf diesem Wissensschatz. Gleichzeitig erfuhren andere Erdteile ähnliche Besuche von den Sternen und wurden von ihnen belehrt. Die Basis dieses Wissens ist kongruent, entspringt sie doch dem göttlichen Ursprung. Viele Jahrhunderte waren nötig, um dieses Wissen zu integrieren, und viele Rückschläge waren die Folge. Nun hat sich aber die Menschheit bereit erklärt, dem Licht zu folgen und das Dunkle hinter sich zu lassen. Dies bedingt viele persönliche und gesellschaftliche Transformationen, die ihr nun tatkräftig umsetzt. Auf allen Kontinenten steht euch dieses Sternenwissen in euren heiligen Plätzen, Pyramiden und alten Tempeln zur Verfügung. Diese heiligen Plätze öffnen eure inneren Sternentore, das heißt, eure DNS, und geben euch Zugang zu eurem kosmischen Erbe. Sie wurden in den letzten Jahrzehnten wieder energetisch aktiviert, nachdem sie für lange Zeit schlummern mussten, denn die Erde brauchte eine gewisse Schwingungsfrequenz, um dieses Sternenwissen allen Menschen zugänglich zu machen.

Die Öffnung eurer Sternentore wird euch zum kosmischen Bürger entwickeln. Ein Mensch mit geöffneten Sternentoren aktiviert diese automatisch bei seinen Mitmenschen. Das ist ein energetischer Vorgang und dient dazu, die Menschheit möglichst flächendeckend zu wecken und zu informieren. Seid also nicht erstaunt, wenn euch alte Erinnerungen an eure Sternenzeit aufsuchen, sei es im Wachzustand oder nachts in euren Träumen.

Alle eure Lernerfahrungen, die ihr im Kosmos gemacht habt, sind in eurer DNS gespeichert. Dieses Sternenwissen steht euch jetzt zur Verfügung. Besonders durch Besuche an heiligen Stätten können sich eure inneren Sternentore, abhängig von eurem Bewusstseinsstand, öffnen. Ihr werdet durch diese Aktivierung nicht überwältigt, sondern könnt sie nach und nach in euch integrieren und der Gesellschaft zur Verfügung stellen. Neue Sichtweisen zur Lösung eurer Probleme werden sich dadurch eröffnen, ganzheitliche Ansätze angegangen, die eine übergeordnete Sicht der Sachlage einbeziehen und dann implementiert werden.

Diese für euch revolutionären Ideen stammen vom kosmischen Raum, der in euch selbst enthalten ist. Der Kontakt mit anderen Sternenzivilisationen geschieht durch euch, durch die Erweckung eurer multidimensionalen DNS, eures persönlichen Erbguts. Die Menschheit erwacht aus sich heraus zum kosmischen Bürger. Interstellarer Austausch wird erst später stattfinden, wenn eine bewusste Menschheit ihr eigenes Erbgut integriert und umgesetzt hat. Dadurch wird eine partnerschaftliche Interaktion möglich sein, denn die Zeit der Götter, die von außen kommen, ist vorbei.

Die Erde enthält viel Sternenwissen, da sie aus ähnlichen Bestandteilen erschaffen ist wie ihre stellaren Nachbarn. Sie ist für euch eine großartige Bibliothek an Wissen, die euch helfen wird, auch den Raum zu verstehen. Die Suche nach den Lebensgesetzen wird auch hier vom Außen ins Innere gehen, denn alles, was ihr wissen müsst, liegt in euch und in der Erde. Das Gesetz „wie oben, so unten" werdet ihr nun vertieft begreifen und die Zusammenhänge klar erkennen können. Dieses hermetische Gesetz wurde euch vor Jahrtausenden am Nil übergeben, und eure heutige Wissenschaft ist dabei, dieses Gesetz in seiner vollen Tiefe zu verstehen. Was früher eine Glaubenssache war, können eure Wissenschaftler jetzt berechnen und rational erklären. Ihr werdet den Raum im Raum in euch selbst, entdecken und Rückschlüsse im Außen ziehen. Jedes Geschöpf ist ein Universum für sich, und überall gelten die gleichen Lebensgesetze, sei es physisch, psychisch oder spirituell. Die göttliche Energie, die die Schöpfung am Leben erhält, ist überall die gleiche.

Je nach Dimensionsdichte sind die Gesetze der Natur auf jedem Gestirn verschieden. Die Lebensbausteine jedoch kommen aus einer Quelle und passen sich der Umgebung an. Das Dreieck ist die Basis der Materie. Die ganze Schöpfung ist auf dieser Triangulation aufgebaut und die Evolution folgt den gleichen Gesetzen. Die großen Pyramiden zeigen euch dieses Gesetz der Lebensbausteine auf. Der Aufbau der Materie unterliegt einem Gitternetz, das die erforderliche Stabilität schafft, damit die göttliche

Energie frei zirkulieren und die Vibration der lebenden Schöpfung ausströmen kann.

Auch in euren Religionen findet ihr dieses Gesetz in der Dreieinigkeit Gottvater, Gottsohn und Heiliger Geist oder Brahma, Vishnu und Shiva usw. – alles Aspekte der Einheit.

Beim Sternenwissen geht es um die Basis der Schöpfung, um das Austreten aus der Einheit, hin in die Manifestation. Die Rückbindung an die Einheit bleibt vorhanden, und gleichzeitig wird die Manifestation vorangetrieben und unterstützt. Der göttliche Lebensfluss strömt so in die Schöpfung, und die Manifestationen werden zum Ausdruck Gottes.

Das Leben und alles, was ihr daraus erschafft, basiert auf diesem heiligen Prinzip, sowohl auf Erden, wie auch im Kosmos. Die Grundlage der Lebensbausteine genau zu erkennen, wird euch ungeahnte Möglichkeiten eurer Mitschöpferschaft aufzeigen und euch helfen, sie umzusetzen.

„Wie oben, so unten" zeigt euch das Urprinzip der Schöpfung, das Leben selbst.

Liebe Erdenbewohner, ihr seid Teil des Kosmos und göttlicher Ausdruck auf eurem wunderbaren Planeten.

Die neue Ära

Durch die Aufhebung der Spannung zwischen den Polaritätspolen wird, wie gesagt, eine Harmonisierung eures Alltags stattfinden. Viel freigesetzte Energie wird euch zum Aufbau der neuen Erde zur Verfügung stehen und eurer Kreativität mehr Raum geben, weil ihr euch von alten Gesetzmäßigkeiten, die euch einengten, lösen könnt. Eine neue Freiheit wird ertastet werden müssen, um euch ganzheitlich in eurem neuen Leben zu erfahren. Eure alten Lebenserfahrungen werden gegenstandslos, denn das Einpendeln zwischen den Polaritätspolen fällt weg und wird durch eine Aktivierung der mittleren Spannungsbreite weitergeführt. Die Fluktuationen sind somit um einiges geringer, ebenso der Energieverlust. Die Kräfte, um ein Ziel zu erreichen, müssen nun neu ausgerichtet werden. Die Bündelung der Kräfte wird einfacher und effizienter. Eure Projekte gedeihen für euch anfangs wie auf magische Weise, bis ihr euch an die Handhabung der Neuen Energie gewöhnt habt. Es wird euch zu Beginn vorkommen, als wenn euch eine Zauberhand begleiten würde. Dem ist natürlich nicht so, doch könnte sich die Umstellung für euch so auswirken. Durch die Gewöhnung an dieses neue Paradigma werdet ihr es besser kennenlernen und voll ausschöpfen können. Ich garantiere euch, euer Leben, euer Alltag auf Erden, wird sehr viel einfacher, ruhiger und humorvoller.

Die Harmonisierung der Polaritäten wird durch die Erhöhung der Schwingungsfrequenz herbeigeführt und ist eine Qualität der Fünften Dimension. Sehr bald werdet ihr mit ihr konfrontiert und in ihren Genuss kommen.

Zuvor jedoch wird sich die polare Spannung noch verschärfen. Es wird zu Zerreißproben kommen, die die Menschheit herausfordern werden. Meine Lieben, habt Vertrauen in diesen evolutionären Prozess. Versucht, so viel wie möglich in eurer Mitte zu sein, um das Geschehen im Außen und im Innen mit Gelassenheit anzugehen. Diese Transitionszeit ist sehr kurz, und ihr steht vor der Wiedergeburt in die nächsthöhere Daseinsoktave, seid sozusagen in den Geburtswehen.

Geburtswehen sind immer schwierig zu ertragen, bringen aber das viel erwartete Neue. Diese Erwartung oder diese Hoffnung wird euch die Kraft geben, die letzten Auseinandersetzungen durchzustehen. Sehr schwierige Zeiten liegen hinter euch, und die letzte Wegstrecke ist im Vergleich ein Kinderspiel. Das Ziel ist zum Anfassen nahe, und dies wird euch motivieren und die dazu benötigte Kraft geben. Der menschliche Bewusstseinsstand ist nun viel höher und erlaubt gezieltere Eingriffe und Problemlösungen. Die Erde hat beinahe den benötigten Schwingungspegel erreicht. Dadurch werden Transformationen von alten Verhaltensmustern einfacher, und ganzheitliche Lösungen können somit angestrebt werden, die bereits die fünfdimensionale Saat enthalten. Diese Transitionszeit ist ein fließender Übergang in die Fünfte Dimension. Je höher der Energiepegel, desto mehr Anteile gehören bereits zur nächsthöheren Oktave. Das fünfdimensionale Saatgut wird jetzt ausgesät, damit es sich mit der erhöhten Schwingungsfrequenz entwickeln kann und euch nach dem Aufstieg in die Fünfte Dimension zur Verfügung steht. Eure Philosophie dem Leben, der Menschheit und dem Planeten gegenüber beginnt sich zu verwandeln. Sie passt sich der höheren Schwingung an und bereitet nach und nach euren fünfdimensionalen Alltag vor. Das heißt, eure Gedankenwelt verwandelt sich jetzt stark. Diese eure persönliche Wiedergeburt findet bereits statt und wird sich bald manifestieren. Ihr erwacht zum neuen, multidimensionalen Menschen, zum kosmischen Bürger und Mitschöpfer. Dies ist ein Prozess, den ihr stetig herbeiführt. So werdet ihr auch physisch und psychisch bereit sein, das Dimensionstor zu betreten, um weiter in die neue Ära zu wachsen.

Es war göttliche Absicht, dass die Erde mit ihren Menschen diesen Dimensionswechsel vollzieht. Da die Materie jedoch drei- und vierdimensional ausgerichtet ist, musste dieser Übergang stufenweise geschehen, damit sich die Materie, der menschliche Körper und die menschliche Psyche anpassen können. Diese Anpassung löst auf Erden viel Unruhe und Stress aus und zwingt die Menschen in ihre Mitte, zurück zu ihren Wurzeln, in ihr Innerstes. Dies ist die fünfdimensionale Vorbereitung für eure Zukunft, denn der neue Mensch wird sich von innen heraus in die neue Gemeinschaft eingeben. In Verantwortung seiner selbst wird er das Leben und die Gesellschaft gestalten.

Die Herzensenergie jedes Menschen wird zurzeit stark entwickelt, das heißt, dass eure Herzen energetisiert werden und sich alte Traumen auflösen. Dieser Prozess findet sowohl auf der physischen, wie auf der feinstofflichen Ebene statt. Euer Herz ist euer Lebensmotor. Die Herzensenergie wird die Basis der Neuen Erde sein. Eure physischen Herzen brauchen momentan eine Art Training, um die hohe Energie integrieren zu können. Unterstützt euer Herz mit der nötigen Ruhe und Gelassenheit, damit es diese wichtige Arbeit zulassen kann.

Eine Gesellschaft, die auf Liebe aufgebaut ist, wird ihre Menschen unterstützen und fördern. Sie wird sie lehren, Verantwortung für das Ganze zu übernehmen, in dem Wissen, dass das Ganze nur so stark ist wie sein schwächster Teil. Dem Liebesaspekt Mitgefühl wird nun vermehrt Beachtung entgegengebracht werden, denn dies ist eine galaktische Maxime, der wir alle verpflichtet sind. Je mehr die Menschheit in die Fünfte Dimension hineinwächst, desto verpflichtender werden für sie die kosmischen Gesetze. Der Bewusstseinsgrad der Menschheit wird bald die nötige Schwingungsfrequenz aufzeigen und den übrigen stellaren Zivilisationen gleichgestellt. Das heißt natürlich auch, dass die Menschen die gleiche Verantwortung für das Ganze übernehmen. Es ist die Hingabe an die Liebe und das Licht.

Durch die Harmonisierung der Polaritäten wird es für euch einfacher, der Liebe und dem Licht zu folgen, weil die großen alten Fluktuationen zwischen den Polen aufgehoben sind. Viele negative Ausdrücke für die Liebe und deren Manifestationen, zum Beispiel Hass, Wut, Neid usw., wird es nicht mehr geben.

Ja, meine Lieben, es beginnt für euch eine ganz neue Ära, und die Liebe wird ihr Antriebsmotor sein, wie es euer Herz für euch ist. Denn wäre die Liebe nicht, würde sich die Schöpfung auflösen. Wir alle sind Teil dieser unermesslichen göttlichen Liebe unseres Schöpfers, unserer Schöpferin, und strömen sie aus in die Manifestation. Wir sind der Ausdruck unserer Quelle. Wir sind alle eins.

Rückschlüsse

Wenn ihr die Evolution und die Geschichte der Erde studiert, könnt ihr Rückschlüsse für die Gegenwart ziehen, denn aus Fehlern sollte man ja bekanntlich seine Lehren ziehen. Leider ist euch das nicht so gelungen, wie ihr es anstrebtet, sei es im Umgang mit Mutter Erde, der Natur oder mit den vielen kriegerischen Auseinandersetzungen, die ihr auf eurem Planeten durchlebtet. Ihr habt wohl einige Organisationen gegründet, die dem Wohl der Menschheit dienen, habt Demokratien errichtet und euch bemüht, das Menschsein durchzusetzen. Alle diese Bemühungen musstet ihr in einer drei- und vierdimensionalen, stark polaren Energie durchsetzen. Ein schwieriges Unterfangen! Der Wille vieler Menschen, einen friedlichen Planeten zu schaffen, scheiterte immer wieder an dieser starken polaren Energie.

Mit der gegenwärtigen Erhöhung der Schwingungsfrequenz der Erde und der daraus resultierenden Harmonisierung der Polaritäten werdet ihr einige Wünsche für die Menschheit und Mutter Erde realisieren können. Rückschlüsse aus eurer Vergangenheit zu ziehen werden schwieriger, da ihr euch in einem neuen Frequenzbereich bewegen werdet, mit dem ihr noch keine Erfahrungswerte erarbeitet habt. Die liebevollen Wünsche für Mutter Erde und die Menschheit schwingen in einer höheren Frequenz und werden mit euch den Aufstieg in die Fünfte Dimension vollziehen. Die zerstörerischen Ansätze jedoch werden die Barriere des Aufstiegs nicht durchbrechen können. Sie erhalten immer weniger energetische Nahrung und sind dem Untergang geweiht.

Im Laufe der Zeit wird es euch dann gelingen, auf Erfahrungswerte zurückzugreifen. Die Evolution geht weiter, und obwohl ihr bald in der Fünften Dimension seid, habt ihr noch sehr viel zu lernen. Zu einem späteren Zeitpunkt Rückschlüsse auf fünfdimensionale Ereignisse zu ziehen, wird euch helfen, euren Evolutionsweg effizienter weiterzugehen, denn ihr werdet aus euren Fehlern lernen und nicht immer wieder von ihnen eingeholt werden. Dies ist ein fünfdimensionaler Aspekt, der euch ein rasches Vorwärtskommen bringen wird. Die Menschheit wird sich also in Zukunft schneller entwickeln, als es bis jetzt möglich war. Vergesst nicht: Jeder Mensch wird in der neuen Schwingungsoktave wiedergeboren. Er hat zuvor viel Transformationsarbeit leisten müssen und wird nach und nach seine Multidimensionalität erkennen und sie in sein Leben fließen lassen. Neue Paradigmen werden zur Verfügung stehen, die keine Rückschlüsse auf die alte Erde mehr zulassen.

Eure Erde wird neue Strukturen erschaffen und die Menschheit lehren, damit umzugehen. Das Leben auf Erden wird vielschichtiger, ohne Bezug auf alte Gewohnheiten. Es wird ein großes Umlernen einsetzen, das eure Kreativität fördert. Ungeahnte Potenziale werden euch erschlossen, und ihr werdet in völlig anderen Bahnen denken und handeln. Die erhöhte Energie wird euch den Weg weisen. Die Hingabe an diese Energie wird der springende Punkt sein, denn je besser ihr mit dieser Schwingungsfrequenz fließt, desto einfacher werden euer Alltag und die Umsetzung eurer Projekte. Die Gegenwart leben, im Hier und Jetzt sein, ist die Herausforderung, vor der ihr steht. Dies war schon in der alten Energie so, doch mit der Erhöhung der Schwingungsfrequenz wird es unerlässlich. Das Leben ereignet sich im Jetzt, und nur im Jetzt werdet ihr glücklich und zufrieden sein. Zufriedenheit wird in eure zukünftigen Tätigkeiten strömen und sie beeinflussen.

Die fünfdimensionale Schwingungsfrequenz kennt die Linearität nicht, es ist alles im Jetzt vorhanden! Rückschlüsse werden folglich nicht mehr in einer linearen Geisteshaltung stattfinden. Vergangenheit und Zukunft werden im Jetzt erlebt. Eine Aussage, die euch momentan noch Kopfschütteln erzeugt. Wie gesagt, geht euren Weg Schritt für Schritt in die Fünfte Dimension, so könnt ihr euch den neuen Bedingungen anpassen. Diese Anpassung wird aber zügig vonstatten gehen müssen und die gesamte Menschheit betreffen. Jeder Mensch wird herausgefordert und seinen Platz auf der Neuen Erde erarbeiten. Die erhöhte Schwingungsfrequenz bearbeitet euren Körper und eure Psyche, damit ihr die fünfdimensionale Energie integrieren könnt. Gebt euch die erforderliche Ruhe, damit diese Mutationen stattfinden können. Nehmt die Signale eures Körper und eurer Psyche wahr und unterstützt euch in diesem Prozess. Erwacht aus euch in die neue Daseinsoktave und begrüßt den neuen Morgen, das neue Leben auf eurem geliebten Planeten. Zusammen mit Mutter Erde werdet ihr aus eurer Heimat ein Juwel, ein Paradies, erschaffen, zur Lobpreisung der Schöpfung. Vereinigt mit euren Sternengeschwistern, wird euer Weg weitergehen auf der göttlichen Lichtspirale, Ausdruck der Liebe des EINEN.

Ende und Anfang

Omega und Alpha! Eine lange Zeitperiode geht ihrem Ende entgegen. Nicht nur für die Erde, sondern für euer ganzes Sonnensystem. Dieses wird für die Energien des galaktischen Zentrums nun frei zugänglich. Die mütterliche, weibliche Energie unseres galaktischen Zentrums beschützt, begleitet und lehrt die Erde und das Sonnensystem und schließt sie in seine Arme. Qualitäten, die auch jede Mutter für ihre Kinder aufbringt. Wie auf Erden jede Mutter aus Liebe agiert, so geschieht es in unserem galaktischen Raum auch. Die weiblichen Qualitäten, die in jedem Menschen vorhanden sind, werden eine große Entwicklung erfahren. Eure Kreativität wird sich entfalten, physisch wie metaphysisch. Ganzheitliche Kreationen auf allen Gebieten werden von euch gestaltet. Durch die Harmonisierung der weiblichen und männlichen Energien werden eure Ideen Ausdrucksformen erreichen, die ihr jetzt als utopisch ansehen würdet. Alle eure Aktivitäten werden diese mütterliche, galaktische Liebesenergie beinhalten und dementsprechend die Erde und die Menschheit fördern und unterstützen. Das Wohl der Gemeinschaft, global wie privat, wird der Tenor der Neuen Zeit. Das familiäre Mitgefühl, ein Aspekt der göttlichen Liebe, wird alle Unternehmungen und Aktivitäten durchdringen, nähren und fördern.

Die Neue Zeit ist mehr als eine Reformation oder Revolution. Sie ist eine Wiedergeburt in eine neue Daseinsebene und basiert nicht auf alten, herkömmlichen Strukturen, sondern ist von ihnen befreit. Ihr betretet eine neue, noch jungfräuliche Ebene, die von euch gestaltet wird, wie ihr nach eurer Geburt wieder alles lernen und euch an die Erde gewöhnen musstet. So ähnlich wird es euch in der neuen Ära ergehen. Mit dem Unterschied, dass ihr auf euer ganzes Potenzial zurückgreifen könnt, das ihr euch in so vielen Inkarnationen angeeignet habt.

Ende und Anfang – Beendigung und Neubeginn. Die Beendigung der momentanen Lebensbedingungen erfahrt ihr täglich. Lebensstrukturen, die für euch wichtig waren, lösen sich allmählich auf. Neue Ansätze des Miteinanders beginnen sich durchzusetzen und zu etablieren. Eure Ökonomie erfährt eine immense Umstrukturierung, denn alte Werte können in der hohen Energie nicht mehr bestehen. Skandale werden aufgedeckt, die eine Neuorientierung erzwingen. Die Erde weist euch auf Versäumnisse und Vernachlässigungen hin, die überlebensnotwendige Schritte nach sich ziehen. Alle eure Lebensbedingungen, die nicht dem Ganzen dienen, werden angeschaut und umstrukturiert werden müssen, sonst brechen sie zusammen. Diese Szenarien haben mit dem Ende der alten Erde und dem Anfang in einer neuen Daseinsebene zu tun. Fünfdimensionale Ansätze in euren Entscheidungen werden bereits jetzt entwickelt. Diese werden in die neue Ära der Erde hineinwachsen und sich nachher noch weiterentwickeln. Das Ende ist geprägt vom Loslassen und Leere. Letzteres ist wohl für die Menschen das Schwierigste, setzt es doch ein großes Vertrauen in sie selbst und das Lebens als Ganzes voraus. Doch nur in der Leere findet ihr neue Lösungen, die euch weiterbringen. Nur in der Leere erspürt ihr euch und eure wirklichen Bedürfnisse. So schwierig diese Phase auch ist, beinhaltet sie doch alle eure Wünsche und Pläne und kann zu großer persönlicher Kreativität führen und euch an einen, für euch geeigneteren Platz bringen. Schicksalsschläge sind sehr schmerzhaft, können aber die Weichenstellung für ein neues Leben sein – der Schlüssel zu neuem Wachsen und Entdecken. Jeder Lebensaspekt hat eine positive und eine negative Seite. Versucht, die positive Seite in eurem Prozess zu sehen und ihn weiterzuentwickeln. Ihr habt so viele Schätze in euch, die nur darauf warten, entdeckt und gehoben zu werden.

Die neue Ära auf Erden bietet euch schwingungsmäßig keine Vergleichsmöglichkeit. Ihr müsst sie also erspüren und ertasten, um daraus neue Vorgehensweisen zu entwickeln, wie ihr mit dieser hohen Schwingungsfrequenz umgehen könnt. Die Machbarkeit eurer Tätigkeiten und Projekte wird ausgelotet. Ein Umdenken wird stattfinden, weil eure alten Lösungsansätze nicht mehr greifen. Das Erspüren dieser hohen Energie wird euch am besten helfen, damit umzugehen – mit ganzheitlichem Einsatz all eurer Sinne.

Auch wenn es anfänglich Schwierigkeiten geben wird, werdet ihr euch in dieser fünfdimensionalen Schwingung viel leichter und wohler fühlen. Es ist, als wenn euch eine

Last von den Schultern genommen würde. Pläne und Wünsche werden leichter realisiert werden, weil eure Gedankenkraft besser umgesetzt werden kann und dank der Harmonisierung der Polaritäten keinen Energieverlust mehr erleidet.

Meine Lieben, wie gesagt, schreitet ihr nun vorwärts in diese neue Daseinsebene und passt euch dieser Schwingung an. Diese Anpassung hat vor Jahren schon begonnen und wird jetzt und in den nächsten Jahren immer dringlicher. Glaubt mir, ihr könnt diesem Evolutionsschritt nicht ausweichen, aber euch mit Hingabe dieser neuen Schwingungsfrequenz stellen.

Das Vertrauen in diesen Oktavensprung und in euch selbst hilft euch in dieser revolutionären Zeit.
Eure kosmischen Mitbewohner begleiten und helfen euch, sofern ihr das wünscht.

Das Maßlose

Durch die Harmonisierung der Polaritäten wird sich die Maßlosigkeit, die ihr in euren Gesellschaften kennt, beträchtlich reduzieren. Dies betrifft alle Lebensbedingungen, in die ihr eingebettet seid. Suchtverhalten und Exzesse in irgendeiner Form werden nicht mehr möglich sein, denn die hohe Energie wird diese Maßlosigkeit nicht mehr nähren, sondern unterspülen und abtrennen. Es wird eine Heilung der persönlichen Bedürfnisse und der Erde eintreten.

Alle Auswirkungen eurer Taten stehen in Resonanz zum Ganzen, zur Erde, zu ihrer Menschheit und zum Kosmos. Die Gesetzmäßigkeiten der Fünften Dimension haben eine übergeordnete Perspektive: Sie dienen dem Licht und der Liebe. Diese Gesetzmäßigkeiten werden im Laufe der Zeit auf der Erde verankert und lösen drei- und vierdimensionale Paradigmen ab. Sie sind, wie gesagt, kosmisch ausgerichtet und werden euren Alltag auf Erden bestimmen und prägen. Diese neuen Gesetze haben einen viel weiteren Wirkungskreis als die alten und demzufolge größere Konsequenzen. Es ist ähnlich wie der Echoruf, der ins All schallt. Alle eure Gedanken und Aktivitäten werden vom Ganzen wahrgenommen.

Eine neue Wachstumsphase steht euch also bevor. Tragt die Verantwortung für eure Gedanken, denn ihr manifestiert durch sie euer Leben und eure Zukunft. Manche

Zielsetzungen müssen revidiert und einen neuen Konsens finden, besonders bei lang andauernden Projekten. Auch wenn die Wurzeln dieser Projekte noch in der alten Energie liegen, haben sie doch eine Chance, sich der Neuen Energie mit ihren Gesetzmäßigkeiten anzupassen und sich zu erfüllen. Sie müssen jedoch dem Großen Ganzen dienen und keine egoistischen Pläne einer Minderheit sein. Die Letzteren haben keine Chance, erfüllt zu werden, weil sie mit der Neuen Energie nicht kompatibel sind. Seid also nicht erstaunt festzustellen, dass gewisse Unternehmungen scheitern und andere wiederum auf Erfolgskurs sind.

Maßlosigkeit in irgendeiner Form wird es nicht mehr geben. Auch hier wirkt die Harmonisierung der Polaritäten, die nur eine gewisse Bandbreite der Dualität zulässt. Diese Bandbreite ist natürlich immer noch polar, doch nicht mehr in dem Ausmaß, wie ihr es in der alten Energie erfahren musstet. Die Polarität wird harmonisiert und nicht aufgehoben. Auswüchse gehören in die größte Spannung der Polarität, und diese wird aufgehoben oder erlöst. Ihr werdet also weiterhin polare Lernprozesse haben, die aber harmonisiert sind und einer fünfdimensionalen Schwingungsfrequenz angehören. Neue Lernerfahrungen werden die Folge sein. Ich versichere euch aber, dass sie nicht mehr so leidvoll sein werden, wie ihr es in der alten Energie kennenlernen musstet.

Eure Herzensschwingung, die eurer Göttlichkeit entspringt, kennt diese Harmonisierung bereits. Ist es nicht großartig, euer Leben, eure Gesellschaften fortan in diesem Ambiente zu gestalten? Denkt darüber nach und versucht jetzt schon, die nahe Zukunft in euer Leben einzubauen.

Viele fünfdimensionale Ansätze sind bereits bei euch angekommen. Sie warten nur darauf, benutzt zu werden und in euer Leben und eure Gesellschaften einzufließen. Sie fühlen sich gut an, vielleicht für euch noch etwas utopisch und abgehoben. Erspürt sie und seid mutig, eure Begrenzungen zu sprengen oder wenigstens zu öffnen. Wisst, dass sie dem Ganzen dienen und euer Wachstum unterstützen. Legt eure Befürchtungen beiseite und geht mutig euren Weg in fünfdimensionale Gefilde weiter.

In eurem tiefsten Herzen beherbergt ihr eine Schwingungsfrequenz, die ausbalanciert ist, wenn ihr in die Stille und Ruhe geht. Diese Frequenz gibt euch einen Einblick der harmonisierten Qualität, die euch bald begegnen wird. Kosmische Schwingungen des galaktischen Zentrums werden zuerst von eurem Herzen aufgenommen und von dort an euren Körper weitergeleitet. Eure Zellen können die gesandte Information so besser und ohne Energieverlust integrieren. Die Zunahme dieser Schwingung bedingt die Harmonisierung der Polaritäten.

Das mütterliche Zentrum unserer Galaxis trägt durch seine Informationen zur Anhebung der Schwingungsfrequenz in eurem Sonnensystem bei. Der direkte Zugang zu diesen Schwingungen führt das ganze Sonnensystem auf eine höhere Daseinsoktave. Der Verbund eures Sonnensystems ist jetzt bereit, die Nähe des galaktischen Zentrums zu erfahren und einen weiteren Evolutionsschritt zu gehen. Wie die Erde sind alle Planeten eures Sonnensystems und eure Sonne, in Vorbereitung auf die Neue Energie, momentan großen Veränderungen unterworfen. Es gibt also keinen Einzelfall Erde. Alles ist mit allem verwoben. Dieser bevorstehende Oktavensprung wird weit in den kosmischen Raum wirken und auch eure Nachbar-Galaxien nähren. Der ganze Sektor der Galaxis ist in diesen Wandel mit einbezogen.

Vom Sinn des Seins

Der Sinn eurer gesamten Inkarnationen auf der Erde und im kosmischen Raum dient unserer Quelle, unserem Schöpfergott, unserer Schöpfergöttin, deren Teil wir alle sind. Durch die gelebten Erfahrungen in den verschiedensten Dimensionsqualitäten entwickelt sich jede Seele zu einem Juwel. Jeder Erfahrungszyklus trägt dazu bei, und die Seele bekommt, bildlich gesprochen, einen neuen Facettenschliff, bis sich dieser wunderbare Diamant in die Einheit zurückzieht, zur Glorie des EINEN.

Manchmal sind für schwierigere Lernerfahrungen mehrere Inkarnationszyklen notwendig. In jedem Leben findet ihr einen sogenannten „roten Faden", eine Lernbestimmung, die ihr euch vor der Inkarnation auswähltet, um diesen Facettenschliff zu erreichen. Einige hoch entwickelte Wesenheiten, die bereits einen facettenreichen Diamanten entwickelt haben, kehren zum Beispiel zurück zur Erde, um das galaktische Mitgefühl auf der Erde zu verankern und den Menschen auf ihrem Weg zu helfen und zu dienen. Die von euch ausgesuchten Gegebenheiten sind immer Lernerfahrungen der Liebe in all ihren Aspekten. Die Liebe zu sich selbst, zu den Mitmenschen und zur Erde. Vom persönlichen Aspekt, bis zum übergeordneten Aspekt, der göttlichen bedingungslosen Liebe.

Wenn ihr am Ende eines Inkarnationszyklus zurückblickt, erkennt ihr diesen roten Faden. Ihr stellt fest, wie weit diese Facette eures Diamanten geschliffen wurde und ob weitere Schliffe nötig sind. So bestimmt ihr eure nächste Inkarnation. Bei bewussten Menschen kann diese Erkenntnis bereits früher im Leben eintreten und ihren weiteren Weg bestimmen, ohne leidvolle Verirrungen und Abschweifungen. Der Lebensweg kann dann zu einer Berufung führen, die göttliche Liebe in irgendeiner Form den Menschen näherzubringen und sie zu unterstützen.

Jede Seele bestimmt ihre Inkarnationen selbst, denn jede Seele ist Mitschöpferin im EINEN.

Das Sein ist die Verwirklichung der Seelenanteile in einer Inkarnation. Je mehr Seelenanteile integriert werden können, desto erfüllter gestaltet sich ein Lebenszyklus. Die inkarnierte Wesenheit fühlt sich so dem EINEN näher und kann sich ganzheitlicher in ihrem Leben einlassen. Diese Seelenanteile sind die Summe der verschiedensten Erfahrungen, es ist euer Potenzial, das euch zur Verfügung steht und abgerufen werden kann. Jede Seele wählt vor der Inkarnation die Bandbreite ihrer Talente, die sie leben will. Sie kann aber ohne weiteres bei Bedarf andere Fähigkeiten, die zu ihrem Potenzial gehören, abrufen oder aber neue Fähigkeiten und Erfahrungen lernen, die dann ihrem Potenzial hinzugefügt werden. Mit anderen Worten: Ihr seid wandelnde Schatztruhen, die auch Unmögliches erschaffen können! Durch Rückzug in euch selbst schafft ihr die Bedingung, eure Schatztruhe zu öffnen, um an eure Talente zu stoßen. Mit Übung können diese Talente aktiviert werden, um euch und der Menschheit zur Verfügung zu stehen.

In dieser von Umwälzungen geprägten Zeit werdet ihr auf euer Potenzial zurückgreifen und die Neue Erde erschaffen: Jeder in seinem persönlichen Leben, in seiner Umgebung und in seiner Gesellschaft. Ihr seid fähig, neue ganzheitliche Strukturen zu erschaffen, euch neuen Gesetzmäßigkeiten anzupassen und der Erde in ihrem Heilungsprozess zu helfen und sie zu unterstützen. Diese Gewissheit stammt von unserer Quelle, von der wir alle ein Teil sind. Das Schöpfungspotenzial ist in jedem Seelenfunken vorhanden und wird jetzt aktiviert. Der Sinn des Seins begleitet euch Schöpfergötter/Schöpfergöttinnen in eine neue Daseinsoktave einen großen Schritt weiter auf eurer Evolutionsspirale ins Licht.

Das Licht wird euch führen, dunkle Orte und Machenschaften beleuchten und für Transformation sorgen. Es wird euch den Weg weisen, euch unterstützen und nähren. Das Licht wird euch zu multidimensionale Wesen entwickeln und euch auf eurer Reise im All begleiten. Die Erde und ihre Menschen sind Boten des Lichts, Zeugen einer großen Transformation und diesbezügliche Lehrer.

Gedankenfreiheit

Euer Mentalkörper ist daran gewöhnt, in bestimmten Gedankenbahnen zu denken, je nach Zugehörigkeit zu euren Religionen, Gesellschaften und Traditionen. Von Zeit zu Zeit werdet ihr von Gedankenblitzen überrascht, die nicht in euer traditionelles Konzept passen. Diese Gedanken werden meistens ignoriert und beiseite geschoben. Durch die erhöhte Schwingung und die Entwicklung eurer DNS werden diese unkonventionellen Geistesblitze häufiger. Sie werden euch lehren, eure Begrenzungen zu sprengen um eine größere Perspektive eurer Gedanken zuzulassen.

Multidimensionales Gedankengut wird jetzt von eurem Geist angezogen und muss von euch mental und emotional verarbeitet werden. Ihr merkt, dass der Ursprung dieser Gedanken aus einer übergeordneten Ebene stammt und doch von euch selbst empfangen wird. Je mehr ihr euch in die Multidimensionalität entwickelt, desto mehr werdet ihr wie ein offenes Gefäß für diese Gedanken, denn in ihnen ist der Samen der Neuen Zeit enthalten. Es braucht also eine Zeit des Reifens, bis diese Gedanken umgesetzt werden können. Diese Reifezeit erlaubt euch, ganzheitlicher zu denken und über eure alten Gedankenstrukturen hinauszuwachsen. Die angesprochenen Gedankenformen werden von allen Menschen angezogen, denn es ist eine globale Entwicklung, die eure Begrenzungen auflöst. Eure Seele, euer göttlicher Anteil, bleibt ja in der Multidimensionalität und kann sich jetzt durch die Erhöhung der Schwingungsfrequenz besser mit euch verbinden. Kosmische Informationen können euch jetzt leichter erreichen, wie auch Informationen von anderen Menschen, die ihr nonverbal empfangen könnt. Ihr erspürt sozusagen die Botschaften, seien sie von der Erde oder vom Kosmos. Sie sind eine Art Channeling, so, wie diese Zeilen empfangen wurden. Diese neuen Gedanken müssen von euch zuerst angenommen und integriert werden. Ein neues Weltbild wird sich euch erschließen und unkonventionelle Manifestationen ermöglichen. Durch diese neue gedankliche Großzügigkeit werden eure Tätigkeiten zu großartigen Neuerungen, und ihr werdet eine ganzheitliche Entwicklung eurer Gesellschaften bewerkstelligen.

An die Freiheit eurer Gedanken, an ihre Unbegrenztheit müsst ihr euch zuerst gewöhnen und sie nach und nach in euren Alltag einfließen lassen. Ängste aufzulösen, Regeln umzustoßen, einen neuen Weg zu gehen – all das muss zuerst erlernt werden. Ihr seid nicht allein in diesem Prozess. Ihr werdet merken, dass es euren Mitmenschen ähnlich ergeht, und das wird euch bei der Verwandlung eures Lebens helfen. Die Fülle der präsentierten Möglichkeiten wird euch zuerst überwältigen und euch lehren, tief in euer Innerstes zu gehen, um zu erspüren, auf welchem Weg ihr Lust habt, weiterzugehen. Es gibt bekanntlich verschiedene Wege zum Ziel. Der Weg ist der entscheidende Punkt. Wählt ihn nach dem Lustprinzip aus, damit ihr alle eure Sinne aktivieren und euch ganzheitlich eingeben könnt. Ein großartiger farbiger Fächer an Möglichkeiten steht euch zur Verfügung. Seid mutig und vertrauensvoll und erkundet die vielen neuen Spiele des Lebens. Durch euren Lebenszyklus nehmt ihr am großen Welttheater teil und versucht, eure Rolle so gut wie möglich zu lernen und zu spielen. Dieser distanzierte Ansatz zu eurem Leben relativiert vieles, das euch Mühe bereitet, und kann euch helfen, übergeordnete Entscheidungen zu treffen. Eine Nabelschau ist selten ein guter Berater, wobei eine größere Perspektive nur mit Distanz erkannt werden kann.

Spontane Eingebungen oder Träume sind die Bausteine eures neuen Lebens. Gebt ihnen den Platz, den sie verdienen. Schreibt sie auf, registriert sie, damit sie euch zu einem späteren Zeitpunkt dienen können. Nehmt sie unvoreingenommen wahr und versucht, sie nicht zu zensieren. Diese Puzzlesteine werden sich zu einem Bild entwickeln, mit dem ihr dann etwas anfangen könnt. Jeder Mensch hat seine eigenen Bilder, und diese vielen verschiedenen Bilder ergeben ein sehr kreatives Potenzial an Möglichkeiten für die Menschheit und die Erde.

Die Zeit der Fülle bricht auf der Erde an. Fülle in jeder Beziehung und für jeden Menschen. Genießt es, jetzt auf der Erde zu leben, bringt euer Potenzial ein und erschafft die Ära der neuen Erde. Ein neuer Zyklus, der das „Goldene Zeitalter" genannt wird.

Das „Goldene Zeitalter" oder das wiedergefundene Paradies

Eure Mythologien und Märchen erzählen vom Paradies und vom Verlust desselben. Sie erzählen vom Abstieg in die Dualität mit all ihrem Schmerz und ihrer Tragik. Diese lange Zeitspanne in sehr dichter Energie mit zusätzlich polarer Spannung löst sich jetzt allmählich auf. Durch die erhöhte kosmische Schwingung, die euch seit einiger Zeit erreicht, seid ihr in diese Übergangsphase hineingewachsen, die euch zum Aufstieg in die nächsthöhere Daseinsoktave führt. Durch die erhöhte Schwingung verändern sich auch eure Lernprozesse. Je höher die Schwingungsfrequenz ist, desto harmonischer werden die Lebensbedingungen. Somit gehören stark polare Lernerfahrungen bald der Vergangenheit an. Neue Lernerfahrungen fünfdimensionalen Charakters beginnen euch zu erreichen. Zum Beispiel die Handhabung von Partnerschaften jeglicher Art, der Umgang mit der Zeit, der Einsatz eures Körpers und der Materie usw.

Ein neues Zeitalter beginnt, mit neuen Strukturen, denen ihr euch anpassen müsst. Diese neuen Lernerfahrungen und der Umgang mit dieser fünfdimensionalen Energie werden euch zurück ins Paradies bringen, zurück nach Hause, woher ihr stammt. Euer Abstieg in die vergangene Dichte wird nun durch den Aufstieg wieder aufgehoben. Die vergangenen Lernerfahrungen sind in euch gespeichert. Sie gehören zu eurem Lebensschatz, zu eurem Potenzial, und werden jetzt durch neue ergänzt.

Eine lange dunkle Zeitphase liegt bald hinter euch. Je weiter ihr fortschreitet, desto mehr Licht steht euch zur Verfügung. Wo Licht ist, ist auch Liebe. Euer Weg wird hell und klar.

Die neue Ära, in die ihr jetzt hineinwachst, wird von der alten sehr verschieden sein. Ich habe euch schon viele Veränderungen beschrieben, es ist jedoch schwierig, euch Neuigkeiten aufzeigen, so lange ihr noch in der vierdimensionalen Dichte seid. Euer Bewusstsein muss zuerst eine höhere Schwingungsfrequenz aufweisen, um euch multidimensionale Zusammenhänge zu erörtern. Ich habe euch schon gesagt, dass alles im Hier und Jetzt vorhanden ist. Vergangenheit und Zukunft werden demnach irrelevant, und doch prägt ihr eure Zukunft durch eure Vergangenheit und den Istzustand. Ihr werdet lernen, damit umzugehen und eine neue Daseinsebene kreieren. Geht vertrauensvoll in die neue Ära. Alles, was ihr braucht, ist in euch angelegt und wird sich gemäß der integrierten Schwingungsamplitude entwickeln. Die Neue Erde ist ein langer Evolutionszyklus, dem ihr jetzt beitretet. Er wird sich zum „Goldenen Zeitalter" entwickeln und euch zurück ins Paradies bringen. Die folgenden Generationen bauen auf eure Kreativität, euer Potenzial, denn ihr seid die Pioniere des Aufstiegs von der Dunkelheit ins Licht.

Bis jetzt habt ihr in der Dunkelheit operiert, doch immer

mehr wird euch das Licht das gesamte Spektrum eurer Fähigkeiten und Möglichkeiten aufzeigen. Eine immense Vielfalt wird euch offenbart, die im Einklang mit dem Großen Ganzen ist. Dieser Aufstieg ist wirklich ein Tor zu einer neuen Daseinsebene in allen Belangen. Seid mutig, lasst das Alte los und schreitet vertrauensvoll ins Licht zu eurer Bestimmung.

Der menschliche Körper entwickelt sich zum Lichtkörper, eurer persönlichen Merkabah. Ihr erschließt und erforscht damit den multidimensionalen Raum, knüpft wieder an eure stellare Vergangenheit an, geht wieder zurück zu euren kosmischen Wurzeln und verbindet euch mit Allem-was-ist. Die Liebe ist eure Motivation, euer höchstes Gut, euer Manifestationsgrund. Das Licht und die Liebe sind euer Ursprung und eure Zukunft bis in alle Ewigkeit.

Die ganze Schöpfung besteht aus verdichtetem Licht, so auch euer Körper. Eure Seele, euer Geist, entspringen der Lichtquelle, unserem Gott, unserer Göttin. Ihr seid also Licht im Einsatz. Bei der Erhöhung der Schwingungsfrequenz des Lichts auf Erden wird die ganze Materie, so auch die Menschen, erstrahlen und die Trennung mit Allem-was-ist auflösen. Das Licht verbindet alles und harmonisiert die Gegensätze. Eine neue Klarheit löst vergangene Schwierigkeiten auf und bietet Lösungsansätze. Die Erhöhung der Lichtfrequenz wird euch also in die neue Ära führen und Negatives transformieren. Lasst diese Transformationen zu und öffnet euch dem Licht. Geht vertrauensvoll euren Weg auf der Lichtspirale weiter, zurück nach Hause.

Das „Goldene Zeitalter", oder das wiedergefundene Paradies, habt ihr jetzt durch euren Einsatz in dieser dichten Materie verdient. Es ist euer Lohn nach der Mühsal. Durch euer Engagement habt ihr das Licht in den dunklen Zeiten verankert. Ihr habt es geschützt und genährt und bringt es jetzt zum Erstrahlen. Die kosmische Familie dankt euch von Herzen und erwartet euch sehnlich.

Das Herz

Das Herz ist euer physischer Motor, der durch Pulsationen euer Blut im Körper verteilt. Es ist stark mit Mutter Erde und ihren eigenen Pulsationen verbunden. Beide schwingen im Idealfall harmonisch und nähren sich gegenseitig. Bei Frequenzstörungen des Herzens kann durch die Verbindung mit Mutter Erde mehr Stabilität erreicht werden. Vergesst nie, dass ihr mit ihr stark verbunden seid. Ihr seid in keiner Weise von ihr getrennt, denn ihr braucht einander gegenseitig. Dieses Bewusstsein wird euch helfen, mit eurem physischen Herzen besser umzugehen. Wie die Erde von den kosmischen Pulsationen genährt wird, werdet ihr es von ihr. Dieses Gefühl des Getrenntseins von Allem-was-ist geht jetzt bald seinem Ende entgegen, und ihr werdet mit Erstaunen feststellen, wie stark alles mit allem verwoben ist und entsprechend euer Leben umstellen oder anpassen. Ihr seid ein eigenes Universum, das in einem größeren eingebettet ist. Alles ist von allem abhängig – es gibt keine Unterschiede. Jeder oder jedes hat seinen bestimmten Platz und seine Funktion.

Durch diese energetische Verbundenheit mit Allem-was-ist wird dem Herzen die Liebesqualität zugeschrieben, denn die Liebe hält den Mikro- und Makrokosmos zusammen. Die Liebe ist die Energie, die das Zusammenspiel der Schöpfung möglich macht, sie ist die Grundmatrix von allem.

Euer physisches Herz wurde in der Vergangenheit durch Leid und Schmerz arg traumatisiert. In dieser Aufstiegszeit werden euch diese Verletzungen aufgezeigt, damit sie definitiv geheilt werden können. Gebt eurem Herzen die Ruhe, die es braucht, und unterstützt es so gut ihr könnt, denn es wird euch in die Fünfte Dimension führen. Die Herzensenergie ist die Energie, die euch mit Allem-was-ist verbindet. Sie ist die Basis eurer zukünftigen Aktivitäten, sei es im Aufbau der neuen Erde, in der Kommunikation untereinander oder mit euren Sternengeschwistern. Ratio und Gefühle werden sich im Herzen verbinden. Gestärkt durch die Liebesenergie werden eure Gedanken ganzheitliche Ansprüche an eure Projekte und Tätigkeiten haben.

Die Herzensenergie wird euch eine neue Gesellschaft aufbauen lassen, in der sich jeder Mensch entfalten kann. Rassendiskriminierungen gehören nicht mehr in die neue Ära, die verschiedenen Rassen auf Erden zeugen vielmehr von den verschiedenen Sternengeborenen, die sich auf Erden manifestierten. Die Erinnerung an eure kosmischen Wurzeln wird allen Menschen ein neues Selbstwertgefühl vermitteln, und sie werden die Fähigkeiten ihrer jeweiligen Rasse – ihrer Abstammung – der Erde vorbehaltlos zur Verfügung stellen. Die Erde wurde von Anbeginn an durch eine Vielzahl von Raumfahrern besucht, die unter anderem auch ihre heimatlichen Lieblingspflanzen und -tiere mitbrachten. Dadurch entstand zum Teil die Vielfalt, die die Erde in ihrer Flora und Fauna auszeichnet.

Die bedingungslose Liebe ist der kosmische Leim, der alles im Mikro- und Makrokosmos zusammenhält. Je höher ein Gestirn schwingt, desto bewusster sind seine Bewohner. Das Herz und seine Liebesenergie werden zum zentralen Ausgangspunkt aller Aktivitäten und Interaktionen.

Euer Herz wird sich jetzt dieser göttlichen Liebesenergie besser öffnen können. Die Harmonisierung der Polaritäten wird ihm den Schutz geben, den es braucht, um seine Energie zu entfalten und fließen zu lassen. Eure Thymusdrüse – die Verbindung eures physischen Herzens mit eurem Herzchakra – wird ihre Funktion wieder vollumfänglich wahrnehmen und euch bei eurer göttlichen Mitschöpferschaft unterstützen. Der menschliche Körper ist das Gefäß und der Ausdruck der göttlichen Liebe. Er strahlt diese Liebesenergie aus, nährt damit seine ganze Umgebung und beeinflusst das Ganze.

Alle Bewohner der Erde erhalten jetzt besseren Zugang zu dieser göttlichen, bedingungslosen Liebe. Die Transformation eurer Lebensbedingungen ist dadurch unumgänglich, weltumspannende soziale Veränderungen sind die Folge. Diese Herzensenergie schließt alles ein. Ihr Einfluss auf eure vernachlässigte Erde wird große heilende Projekte bewirken, die die Erde unterstützen. Diese Herzensenergie wird euch für den kosmischen Raum öffnen und eure alten Begrenzungen sprengen.

Mit der Strömung fließen

Die Energie, die zurzeit die Erde erreicht, ist sehr stark und verlangt von den Menschen Stabilität und Mut, sich ihr anzuvertrauen. Sich dagegen aufzulehnen ist sinnlos und würde euch nur viel Kraft rauben. Diese Energie ist ein evolutionärer Schub, der sich positiv auf die Erde und ihre Menschen auswirkt. Sträubt euch also nicht dagegen, sondern versucht, so gut es geht, mit dieser Strömung zu fließen und sie sogar zu genießen. Sie wird euch an euer Ziel bringen, eure Persönlichkeit transformieren und euch von altem Ballast befreien. Als wiedergeborene Erdenbewohner werdet ihr in die neue Daseinsoktave geboren und die neue Erde gestalten. Eine langewährende, dunkle Ära wird durch eine lichtvolle abgelöst. Es ist, als wäret ihr noch in einem Tunnel, aber bereits mit Sicht auf den sonnigen Ausgang, mit all seiner Klarheit und den unerschöpflichen Möglichkeiten, die euch bevorstehen. Diese Metapher zeigt euch sehr gut den Unterschied zwischen der alten und der neuen Erde auf. Dass euch außerhalb des Tunnels gänzlich andere Möglichkeiten geboten werden, liegt auf der Hand. Freut euch also, eure Begrenztheit abzustreifen und das Neue zu erobern. Das Licht, das zur Verfügung steht, wird euch viele Wege aufzeigen, auf denen ihr euch genussvoll weiterentwickeln könnt. Lasst euch also von der momentanen energetischen Strömung leiten und führen. Fließt mit allen euren Sinnen mit ihr und seid euch eurer kosmischen Reise mit Mutter Erde bewusst.

Auch die Erde fließt mit den kosmischen Strömungen und kommuniziert so mit ihren Nachbarplaneten. Das ganze Sonnensystem ist in diesen Aufstiegsprozess eingebunden, in Erwartung einer neuen Dimensionsoktave.

Die Transformationen, die die Erde und ihre Menschen bewältigen, sind rigoros und werden bis zum Aufstieg noch zunehmen. Deshalb ist Stabilität in solchen Zeiten sehr gefragt. Ihr werdet sie nicht im Außen finden, sondern nur in euch selbst. Eure persönliche Verbindung zur Erde und zur Schöpfung, im Einklang mit der Ruhe und der Stille in eurem Innersten, wird euch die gewünschte Stabilität und das Gefühl des Eingebettet-Seins in Allem-was-ist geben. Dem Chaos und den ständigen Veränderungen könnt ihr so Schritt für Schritt mit der nötigen Distanz begegnen und kluge Entschlüsse fassen. Dieser evolutionäre Schub verlangt sehr viel von euch Menschen. Er bringt euch zu eurer Verantwortung, euch, sowie dem Ganzen gegenüber. Ihr erarbeitet momentan eure Meisterschaft, eure Initiation in die kosmische Familie. Solche Prüfungen sind immer eine Herausforderung. Einweihungen können nur von vorbereiteten Initianten vollbracht werden, wie es die Menschheit zurzeit ist. Dass ihr jetzt auf der Erde lebt, befähigt euch zu diesem Schritt, wenn ihr ihn wollt.

Der freie Wille ist oberstes Gebot auf Erden, und deshalb entschließt sich jeder Mensch persönlich, auf welche Weise er sein Leben leben will und welcher Weg der seine ist. Es gibt also keine Auserwählten, sondern jeder

Mensch wählt für sich seinen einzigartigen Weg.

Wie die Erde ihre Jahreszeiten kennt, so existieren auch im kosmischen Raum solche Zyklen. Die Erde hat einen langen Winter hinter sich, doch die ersten Frühlingsboten machen sich bemerkbar. Wie die Wiedergeburt der Natur im Frühling, ergeht es nun der Erde und ihren Menschen. Ihr habt euch so an den Winter gewöhnt, dass eine neue, erwachende Jahreszeit an eurer Basis rütteln muss, damit ihr sie erkennt. Liebe Menschen, begrüßt die neue Jahreszeit, den Frühling, entdeckt und genießt ihn in vollen Zügen. Erwacht aus eurem Winterschlaf und begrüßt die neue Wesenheit, die ihr seid, mit all ihren Fähigkeiten und ihrem Potenzial. Eure Sinne waren in der Vergangenheit komprimiert und eingegrenzt. Die Neue Zeit gibt euch nun die Möglichkeit, die volle Bandbreite eurer Sinne zu gebrauchen und zu genießen. Ein neues Leben offenbart sich euch, ein neuer Zugang zur Schöpfung. Erspürt Alles-was-ist und ergebt euch diesem göttlichen Lebenstanz, diesem kosmischen Reigen. Freude und Harmonie begleiten euch auf dieser neuen Schwingungswelle.

Die göttlichen Fanfaren und Trompeten erreichen bald eine bewusste Menschheit und begleiten sie auf ihrer weiteren Reise. Die Erde erstrahlt und sendet ihre Botschaft der Meisterschaft in den Kosmos. Eure Sternengeschwister danken euch für eure Kraft und euren Mut, diesen Evolutionsschritt zu begehen, und lobpreisen den EINEN.

Die neue Vielfalt

Die erhöhte Schwingungsfrequenz erlaubt euch, bald neue Farben und Töne wahrzunehmen. Das Spektrum erweitert sich und gibt euch Zugang zu sphärischer Musik und kosmischer Farbpalette. Da sich eure Sinne entwickeln, werdet ihr euren Alltag immer mehr erspüren, und eure Intuition wird Bestandteil eures Lebens, ein Talent, dem ihr nun vertrauen werdet. Ihr könnt immer mehr erkennen, dass eure Intuition Hinweisen einer übergeordneten Realität mit ganzheitlichem Ansatz entspringt. Durch eure Befreiung lernt ihr, in neuen Bahnen zu denken, kosmischen, multidimensionalen Ideen zu vertrauen und sie in die Tat umzusetzen. Diese Ideen sind die Basis eurer Entwicklung und der Nährboden eures neuen Lebens. Die Palette eurer Möglichkeiten erweitert sich exponentiell und erlaubt euch Vorstöße in neue Territorien. Alle Belange des menschlichen Zusammenlebens, der Technik und der Wissenschaft sind die Nutznießer dieser Öffnung. Großartige Innovationen werden die Folge sein und das Leben auf Erden revolutionieren. Durch die Veränderung der Schwingungsdichte wird der Umgang mit der Materie und dem Feinstofflichen erleichtert. Ihr werdet Letzteres immer mehr in eure Tätigkeiten einbauen und somit einen neuen Zugang zur Materie erarbeiten. Das ganze Spektrum der Energien steht euch bewusst zur Verfügung und kann von euch kreativ modelliert oder bearbeitet werden. Die Zusammenhänge werden ersichtlich und damit klare Konzepte erschaffen.

Diese Ganzheitlichkeit ist der Schlüssel der neuen Ära und vermeidet einseitige Lösungsansätze. Durch die Umsetzung ganzheitlicher Projekte werdet ihr zu Schöpfergötter und Schöpfergöttinnen in eurer Realität. So erarbeitet ihr ein größeres Verständnis und Kenntnisse für die die terrestrischen, aber auch für die kosmischen Zusammenhänge. Je mehr Erfahrungen ihr sammelt, desto weiser werden eure Entschlüsse und Projekte sein. Es ist das Erspüren einer neuen Wirklichkeit und das Experimentieren mit neuen physischen und psychischen Gegebenheiten.

Da sich die Vielfalt auf Erden vergrößern wird, werdet ihr lernen müssen, mit dieser Flut in allen Belangen zurechtzukommen. Geht schrittweise an die Entdeckung eurer neuen Realität und lasst euch vom Neuen nicht zu sehr überwältigen. Alle diese kosmischen Geschenke sind die Folge der hohen Schwingungsfrequenz, die die Erde aufnimmt. Diese Neuerungen standen euch schon immer zur Verfügung, jedoch konntet ihr sie wegen der trägen Schwingungsfrequenz nicht erkennen. Die kosmische Fülle gehört euch, wie auch euren Sternengeschwistern. Es ist euer kosmisches Menschenrecht, auf das ihr so lange verzichten musstet. Es ist so, als wenn ihr sehr lange in einem Gefängnis gehalten worden wäret und nun endlich eure Freilassung bevorstehen würde. Nach solch einer beengenden Phase grenzenlose Freiheit zu genießen, muss zuerst erlernt werden. Auch sehr lichtvolle Neuerungen können ihre Tücken haben und brauchen eine Anpassungszeit. Durch das persönliche Integrieren der hohen Schwingungsfrequenz wird euch dies aber gut gelingen, denn ihr werdet so mit dem Neuen in Resonanz stehen. Je besser ihr die hohe Schwingung in eurem Körper integriert, desto besser werdet ihr mit den Neuheiten umgehen können. Ich möchte nochmals betonen, dass es transformierte, von altem Ballast befreite Individuen einfacher haben werden, diese hohe Schwingung zu integrieren. Ich bitte euch daher sehr, eure eigenen psychischen Prozesse ernstzunehmen und euch von altem, überholtem Ballast zu befreien, um das Neue vollumfänglich begrüßen zu können. Ihr geht nicht unvorbereitet in diese neue Ära, sondern wurdet seit langer Zeit darauf vorbereitet. Eure Einwilligung, diesen Oktavensprung zu begleiten und zu unterstützen, ist der Grund eurer gegenwärtigen Inkarnation auf Erden. Dies ist ein großartiges Erlebnis für eine Seele, denn sie erarbeitet sich dadurch einen unglaublichen Erfahrungsschatz, den sie mit ihren Sternengeschwistern teilen wird.

Alle Facetten der neuen Vielfalt stehen euch bald zur Verfügung und können von euch für den Aufbau der neuen Erde kreativ umgesetzt werden. Die erhöhte Lichtschwingung bringt euch Klarheit und strahlt auch in versteckte Winkel, die ihr bis jetzt nicht wahrnehmen konntet. Eure Sicht der Dinge erhält eine höhere Perspektive, die einen ganzheitlichen Ansatz ermöglicht.

Auch wenn die Vielfalt der alten Erde sich jetzt reduziert, besonders was die Fauna und Flora betrifft, werden sich in der Neuen Zeit andere Spezies entwickeln, die mit der hohen Schwingung besser umgehen können. Einige eurer Tierwesen haben euch seit sehr langer Zeit begleitet und unterstützt. Sie verlassen jetzt allmählich die Erde, um sich wieder auf ihrem Heimatgestirn niederzulassen. Ihre Arbeit für die Erde und die Menschen ist abgeschlossen. Alle Lebewesen, die auf der Erde leben, sind in symbiotischer Beziehung mit ihr und haben ihren speziellen Auftrag für das Ganze. Alles ist miteinander verwoben, vom Kleinsten bis zum Größten. Alle leisten ihren Beitrag am Projekt Erde und darüber hinaus. Durch die Erhöhung der Dimensionsqualität werden alle mit den begleitenden Auswirkungen die Integration der neuen Schwingungsfrequenz erfahren.

Die Menschen sowie die Fauna und die Flora sind Lebewesen und somit den gleichen Anpassungen ausgesetzt, jeder in seiner Sphäre. Die Erde als Ganzes steigt auf in die Fünfte Dimension mit den entsprechenden Konsequenzen für alle und alles.

Das hohe Lichtpotenzial wird euch aber reichlich entschädigen für alle Herausforderungen, die ihr bestehen musstet. Der Garten Eden ist bereit, euch zu empfangen und zu erquicken. So sei es.

Tagesanbruch

Nach einer sehr langen Zeitspanne der Dunkelheit bricht für die Erde ein neuer Tag an. Die Nacht ist vorüber, das Licht beginnt die Erde zu erhellen und zu beleuchten. Ihr erkennt das ganze Spektrum ihrer Schätze und Schönheiten. Taucht ein in diese neue Daseinspalette und genießt mit allen Sinnen eure schöne Heimat, euer Zuhause. Kommuniziert mit der Erde und lernt von ihr. Die neu erarbeitete Partnerschaft mit ihr wird euch viel Weisheit, Stabilität und Dankbarkeit schenken. In ihrer Verbundenheit werdet ihr den kosmischen Raum erforschen und eure Erfahrungen einbringen. Eine mit der Erde in Harmonie verbundene Bevölkerung kann jetzt ihre Grenzen sprengen und neue kosmische Erfahrungen angehen. Die Stabilität, die ihr von der Erde bekommt, erlaubt euch, den Radius eurer Erfahrungen zu erweitern und neue Informationen zu integrieren. Harmonie, eine Herzensqualität, wird die Menschen erfassen. Mit ihren erdhaften Qualitäten wird sich die Menschheit mit ihren Sternengeschwistern austauschen und verbinden. Ein neues Kapitel Evolutionsgeschichte wird geschrieben. Die alten Insignien sind in eurer DNS, eurer persönlichen Bibliothek, aufgehoben und werden jetzt mit neuen Verknüpfungen ergänzt und erweitert. Multidimensionale Seiten eurer DNS, die lange verstummt waren, beginnen, ihre Melodie zu spielen. Die hohen Lichtfrequenzen transformieren euren Körper, sie werden zum kosmischen Gefäß, zum Sternentor.

Eure DNS wird also eine Erweiterung erfahren, das heißt, der feinstoffliche genetische Kode wird mit dem grobstofflichen verbunden, und sein ganzes Spektrum wird euch zur Verfügung stehen: Die Wiedergeburt des Menschen zu einem kosmischen Bürger, der sein ganzes Potenzial zur Verfügung hat. Der Einfluss dieser Entwicklung hat natürlich Auswirkungen auf euren Körper. Die angeborenen Selbstheilungskräfte werden verstärkt, und ihr werdet alles daran setzen, euren Körper zu unterstützen, seine Signale ernstzunehmen und euch entsprechend zu verhalten. Ein allgemeiner Verjüngungsprozess wird stattfinden und euch erlauben, bis ins hohe Alter aktiv am gesellschaftlichen Geschehen teilzunehmen. Eure Physis entwickelt sich zum Lichtkörper, und wo Licht ist, kann das Dunkle nicht bestehen. Die Harmonisierung der Polaritäten wird diesen Prozess unterstützen. Das Gesundheitswesen wird sich mit gesunden Menschen befassen, ihr Immunsystem unterstützen und stärken. Also ein ganz anderer Ansatz, als ihr es gewöhnt seid.

Durch euren Bewusstseinsschub werdet ihr erkennen, dass ihr ein Universum seid, das in einem größeren Universum eingebettet ist. Ihr werdet für euch selbst und für das größere Universum Verantwortung übernehmen und erkennen, dass alles mit allem verwoben ist. Eine Abspaltung dieses Gefüges, wie es zum Beispiel eure Krankheit Krebs ist, wird nicht mehr stattfinden, denn die Trennung von Allem-was-ist ist aufgehoben.

Die bewusste Erkenntnis der Zusammengehörigkeit wird in alle Belange fließen, von den kleinsten bis zu den größten Projekten. Eure Verantwortung dem Ganzen gegenüber wird alle eure Gedanken und Tätigkeiten bestimmen. Ihr werdet bewusste Mitschöpfer und versuchen, das Ganze zu fördern und auf der Evolutionsspirale des Lichts weiter aufzusteigen. Alle kosmischen Lichtbürger haben sich diesem Spiel verpflichtet und versuchen, sich so gut wie möglich einzubringen.

Die solare Meisterschaft, die die Erde und ihre Bewohner nun anstreben, wird sie in eine neue Daseinsebene gebären, die ihrer Vergangenheit unbekannt ist. Deshalb spreche ich immer von Wiedergeburt, weil die Vergangenheit zurückgelassen wird und neue Eindrücke und ein neues Leben auf euch warten.

Dies bedingt eine Anpassung der ganzen Materie, natürlich auch eures Körpers. Euer gegenwärtiger Körper- und Wellnesskult hat viel mit dieser erhöhten Schwingung zu tun. Ihr merkt, dass euer Körper wichtig ist, denn ohne ihn könnt ihr euch hier auf Erden nicht manifestieren. Dieser Körper sollte natürlich auch gesund sein, damit er diese hohen Lichtfrequenzen besser integrieren kann. Dies habt ihr unbewusst erfasst. Ihr tragt für eure Ernährung Sorge, ihr versucht, eure Mitte zu finden und Mutter Erde zu unterstützen. Diese Bedürfnisse sind Zeichen eines erhöhten Bewusstseins. Mit den immer stärker auf die Erde gespülten Energien wird euer Bewusstsein einem großen

Wachstum unterworfen sein und eure Psyche und Physis verwandeln und heilen. Der Geburtsprozess geschieht im Inneren eines jeden Menschen und manifestiert sich erst dann im Außen. Ihr transformiert euch also wie die Raupe, die zum Schmetterling wird. Der eine schneller, der andere langsamer. Doch die ganze Menschheit ist davon betroffen. Ein globaler, erdumfassender Wiedergeburtsprozess der Menschheit. Jene, die sich diesem Prozess nicht unterziehen wollen, werden sich verabschieden und in einer ähnlichen Schwingungsdichte ihre Lernerfahrungen weiterführen. Der freie Wille ist auf Erden oberstes Gebot. Die Entscheidung liegt also bei jedem Menschen, ob er diesen Aufstieg in die Fünfte Dimension erleben will. Die Gründe für einen Verzicht kennt jede Seele und verdient darum den entsprechenden Respekt. Die Erde und das ganze Sonnensystem wechseln in eine höhere Daseinsoktave,– mit ihren Bewohnern, die dieses wollen.

Eine bewusste Bevölkerung, in Kombination mit den neuen gesellschaftlichen und physischen Strukturen, wird auf der Erde Wundervolles vollbringen, ihren Planeten hegen und pflegen und mit ihm den Kosmos bereisen und erkunden. Die Erde ist sozusagen euer Mutterschiff, eure Heimat, euer Zuhause. Die Zugehörigkeit zu einem bestimmten Gestirn mit seinen ganz spezifischen Eigenheiten gibt der galaktischen Lichtfamilie diese unglaubliche Vielfalt. Freut euch also, eure Sternengeschwister kennenzulernen und mit ihnen am kosmischen Geschehen bewusst teilzunehmen.

Der Tagesanbruch ist da, das Licht wärmt euer Herz und zeigt euch euren weiteren Weg, der von der Liebe geprägt ist. Eine Liebe, die kosmische Qualität aufweist. Das Bewusstsein der Einheit mit Allem-was-ist wird eure Herzensqualität stark beeinflussen und eure Manifestationen auf Erden gestalten. Dazu kommt die Harmonisierung der Polaritäten, die Gefühlsfluktuationen ausgleicht. Die Herzensebene ist, wie bereits erwähnt, die Qualität eurer zukünftigen Beziehung mit euch und eurer Umwelt.

Die kosmischen Licht- und Liebesfrequenzen, die jetzt verstärkt auf die Erde gelangen, sind die Informationen unseres Schöpfers. Ihre Amplitude hat nun eine Stärke erreicht, die die Menschen nicht mehr ignorieren können. Eure Anpassung an diese hohen Energiefrequenzen und ihre Integration in euren Körper und in die Erde sind der Grund eurer gegenwärtigen Transformationen, sowohl privat, wie auch global. Bald wird die Schwingung den Aufstiegspegel erreicht haben. Die restliche Zeit wird also noch eine energetische Intensivierung erfahren, mit den entsprechenden Auswirkungen für jeden Menschen und das Ganze. Diese hohe Licht- und Liebesschwingung wird die kosmische Ordnung auf Erden wiederherstellen und seine Bevölkerung wieder in Allem-was-ist einbetten. Die Evolution der Menschheit geht auf dem Pfad des Lichts weiter. Die Abspaltung ist vorbei, und auch das dazugehörige Leid. Der Eintritt ins Paradies bedingt aber viel persönliche Transformation, das Loslassen alter, beengender Wertesysteme und die Hingabe an diese hohe Energie.

Der Aufstieg in die Fünfte Dimension fällt euch also nicht in den Schoß, sondern wird von euch willentlich erarbeitet. Die Wahl liegt bei euch! Ihr seid in der Verantwortung für euer Leben und euren zukünftigen Weg. Es ist schon so, dass ihr das Alte kennt und versucht habt, damit umzugehen. Das Neue jedoch ist wie ein Sprung ins Leere, und das braucht Mut und Vertrauen. Ich habe versucht, euch das Neue näherzubringen, euch die Zusammenhänge zu erklären. Die Wahl aber liegt bei euch. Jeder Mensch muss diese Entscheidung für sich selbst treffen und den Weg alleine gehen. Es ist eine Initiation in euren Erwachsenenstatus, in die höhere Adam-Kadmon-Rasse, zum kosmischen Mitschöpfer.

Die Sonnenemanationen und Alles-was-ist

Eure Sonne wird von den anderen Lichtträgern des Kosmos genährt, und sie leitet diese Informationen weiter an ihre Planeten. Ihre Energie durchdringt die gesamte Materie des Sonnensystems und die feinstofflichen Bereiche. Kein Atom wird ausgelassen, kein Bereich vernachlässigt, denn die kosmische Ordnung ist ein Geflecht aller physischen und feinstofflichen Ebenen. Eine Aktion auf einer Ebene hat eine Reaktion bis tief in den kosmischen Raum. Sie kann Alles-was-ist beeinträchtigen oder aber erheben, je nachdem, mit welchem Ziel diese Aktion geschieht.

Ich habe euch viel von eurer neuen Verantwortung erzählt, von eurem Erwachsenenstatus. Da die Reaktion eurer Aktionen das Ganze betrifft, müsst ihr auch für das Ganze Verantwortung tragen. Bisher war das für euch schwierig zu verstehen, da ihr von allem getrennt wart. Die Zeit der Trennung ist aber bald vorbei, und ihr werdet erkennen, dass alles mit allem bis in die tiefsten Schichten verbunden ist.

Einsamkeit und Alleinsein sind also eine Illusion. Rückzug vom Alltag ist natürlich möglich und wünschenswert, doch bleibt ihr trotzdem mit allem verwoben. Eure Gedanken betreffen nicht nur euch selbst, denn sie sind eine Energie, die ihr aussendet und die vom allem aufgenommen wird. Eine entsprechende Reaktion ist die Folge. Tragt aus diesem Grund Sorge für eure Gedanken und seid euch eurer Verantwortung bewusst.

Durch die Verstärkung der Gammastrahlung eurer Sonne kommt klarere Information auf die Erde, die das Ganze in eine fünfdimensionale Daseinsdichte hebt. Drei- und vierdimensionale Strukturen werden dabei aufgelöst, denn sie sind nicht mehr mit der hohen Schwingung kompatibel. Dies löst vorerst Chaos und Verwirrung aus, bis die neuen fünfdimensionalen Gesetzmäßigkeiten Fuß gefasst haben.

Diese Transitionszeit, die ihr jetzt erlebt, ist für die Erde und ihre Menschen schwierig, doch bringt sie die kosmische Ordnung wieder auf euren Planeten, und damit ihre Fülle.

Bis jetzt vernachlässigte Eigenschaften der Erde und der Menschen werden wieder ihren gleichberechtigten Platz im Ganzen einnehmen. Die Harmonisierung der Polaritäten geht bis in die tiefsten Schichten eures Seins und der Erde. Oben und Unten, Innen und Außen werden in der Mitte stabilisiert und eine großartige Strahlung erzeugen. Jedes Atom trägt zur Erhöhung der Schwingungsfrequenz bei. Jedes Atom beinhaltet den Gottesfunken unseres Schöpfers, unserer Schöpferin.

Die Bündelung der hohen Energie erschafft auf dem Boden des Alten, das aufgelöst wurde, Neues, Innova-

tives, das anderen Gesetzmäßigkeiten unterworfen ist.
Die Strahlkraft der neuen Schwingungsfrequenz erhellt
die ganze Materie, alles Leben auf dem Planeten sowie
die Beziehungen der Menschen zu sich selbst und untereinander. Dieses Licht bringt Transparenz in alle Belange
der Erde. Eine Vergeistigung von Allem-was-ist! Das Höhere Selbst, das bis jetzt von euch getrennt war, verbindet
sich wieder mit dem menschlichen Körper. Dieser Teil der
göttlichen Einheit verschmilzt mit euch und transformiert
den Menschen zum göttlichen Mitschöpfer. Ihr werdet wieder das multidimensionale Wesen, das ihr einst wart. Die
hohen Lichtfrequenzen bringen euch nach einem langen
Zyklus der Trennung und Abspaltung zurück nach Hause.

Ihr habt die starke Dichte der Materie kennengelernt
und seid nun bereit, höher schwingende Aspekte der Materie zu erforschen, neue Gesetzmäßigkeiten zu ertasten
und anzuwenden. Freut euch, meine Lieben, denn die
Entdeckungen, die ihr macht, werden euch verblüffen. Der
einfache Umgang mit hoch schwingender Materie wird
eure Kreativität beflügeln. Durch eure gebündelte Gedankenkraft könnt ihr eure Projekte unterstützen und neue
erschaffen. Die Wiedervereinigung mit Allem-was-ist lässt
die hohe Energie fließen, denn alles ist verbunden und
verwoben. Die Schöpfung ist allen Wesen zugänglich und
wird von allen gestaltet. Diese Interaktion bringt euch unglaubliche Neuerungen und ein neues Verständnis für das
Ganze. Eure Glaubensmuster in allen Belangen erfahren
eine Erweiterung. Alte Denkstrukturen fallen in sich zu-

sammen, denn sie entbehren jeder Grundlage. Eine neue Ära, eine neue Lebensplattform, ist dabei sich zu entwickeln, und sich sehr bald zu verwirklichen.

Ihr seht, die Veränderungen, die auf euch zukommen, betreffen alle eure Tätigkeitsbereiche, euren Körper und eure Psyche. Ihr werdet zu einem neuen Wesen wiedergeboren, das in seiner vollen Kraft und Macht steht. Eure Sternengeschwister freuen sich sehr, mit euch in Kontakt zu treten und eine partnerschaftliche Verbindung einzugehen. Lange wart ihr von der kosmischen Familie getrennt, und endlich werdet ihr euch in die Arme schließen. Die Sehnsucht nach einer bewussten Erdenbevölkerung war im kosmischen Raum groß, und nun endlich ist es soweit. Voller Dankbarkeit und Respekt für eure Aufstiegsarbeit werdet ihr in eure kosmische Familie aufgenommen. Der ganze Sektor der Galaxis ist von euren Bemühungen erhellt, und eure Schaffens- und Transformationskraft dringt bis tief in den Raum. Wir alle lobpreisen den EINEN, wir alle sind der EINE. Amen.

Schlusswort

Meine Lieben, ich danke euch, dass ich mich in dieser und anderer Form für die Erde und ihre Menschen habe einbringen dürfen. Es ist und war eine große Freude, und ich bin dankbar, mit euch bewussten Kontakt zu haben. Dieser Kontakt wird über diese Zeilen hinaus bestehen und braucht nur eure Einwilligung. Jeden Leser dieses Buches schließe ich in mein Herz. Ihr Menschen seid alle von tiefstem Herzen geliebt, seit Anbeginn der Zeit, bis in alle Ewigkeit.

Mutter Erde danke ich von Herzen für alle Strapazen, die sie auf sich genommen hat, um der Menschheit diese Erfahrungen zu ermöglichen. Mit der tatkräftigen Unterstützung ihrer Menschen und der kosmischen Kräfte wird sich ihr Heilungsprozess jetzt beschleunigen. Ihre bedingungslose Liebe, ihre Nachsicht und Geduld sind ihre unverkennbaren mütterlichen Eigenschaften. Ihre außergewöhnliche Schönheit zieht nicht nur die Menschen in ihren Bann, sondern auch Raumfahrer der entlegendsten kosmischen Gebiete. Mit Terra diesen Evolutionssprung zu begehen, ist ein Privileg, ein Geschenk an die jetzt inkarnierte Menschheit.

In Liebe sind wir alle verbunden im EINEN, und in Liebe gehen wir alle unseren Weg weiter ins Licht, zu unserer aller QUELLE.

Gelobt sind die Träger des Lichts, denn sie erschaffen das Himmelreich.

So sei es.

Paulette M. Reymond
Ashtar Sheran
Willkommen in der Kosmischen Familie
200 Seiten, broschiert
ISBN 978-3-938489-97-0 ✓

„Ich, Ashtar Sheran, bin mit dem Kosmos seit Anbeginn der Zeit in Liebe stark verbunden. Meine Aufgabe ist es, dem Licht seinen Platz einzuräumen und die Erde und ihre Menschen in den Aufstieg in die Fünfte Dimension zu führen.

Nehmt Kontakt auf zu euren Sternengeschwistern. Sprengt eure Begrenzungen und nehmt euer multidimensionales Erbe an! Wir sind alle miteinander verbunden und verwoben und kreieren gemeinsam den neuen Himmel und die neue Erde.

Jedes Wesen ist in diesen großartigen Reigen eingebunden und leistet das seine für das Ganze. Ihr seid also Schöpfergötter im Einsatz!

Die Liebe ist die Quintessenz der ganzen Schöpfung. Denn wäre die Liebe nicht, würde sich der Kosmos auflösen!"

Paulette M. Reymond
Wiedergeburt der Erde
Durchsagen von Sirius A
128 Seiten, A5, broschiert
ISBN 978-3-941363-19-9

Die Erde und ihre Menschen sind dabei, einen Dimensionswechsel zu vollziehen – mit einer bisher einmaligen Tragweite. Den Wesen von Sirius A ist es daher ein Anliegen, der Menschheit in dieser wichtigen Übergangszeit zu helfen, denn sie und wir sind gleichberechtigte Raumgeschwister.

In großer Liebe, aber dennoch klar und offen, bereiten die Sirianer die Menschheit auf die Erschütterungen unserer Mutter Erde, Gaia, vor, die vor dem Dimensionswechsel noch geschehen müssen, damit auch der letzte Mensch wachgerüttelt wird und diese bemerkenswerte Zeit nicht verschläft.

Ava Minatti
Meister Hilarion entschlüsselt den Diskos von Phaistos
Neue Wege der Heilung
264 Seiten, A 5, broschiert
ISBN 978-3-941363-46-5

Meister Hilarion lädt dich ein, seinen ätherischen Tempel der Heilung über Kreta zu betreten, um dich vom grünen Strahl durchströmen zu lassen. Er erzählt dir von der Geschichte und den Kraftorten der Insel und ruft dich auf, dein Heiler- und Heilerinnensein anzunehmen. Hilarion spricht über die Medizin der Neuen Zeit, die Bedeutung der Zentralsonne in der Heilarbeit, über das Basiszentrum und die Kundalinienergie von Europa sowie über Erdheilung. Gleichzeitig aktiviert der grüne Strahl dabei deine Selbstheilungskräfte und weitet deinen Heilkanal.

Das Herzstück bildet die Entschlüsselung der Symbolsequenzen des Diskos von Phaistos, eines geheimnisvollen Fundes aus der Bronzezeit, der uns bis heute Rätsel aufgegeben hat und gibt. Hilarion zeigt uns, wie wir seine Symbole zur Unterstützung der Heilung unserer Körper anwenden können.

Rhiannon Augenthaler
Das Flüstern der Meister
304 Seiten, A5, broschiert
ISBN 978-3-941363-43-4

„Jeder von euch irdisch inkarnierten Menschen ist ein Meister oder ein Meister der Zukunft, – jeder, der dieses möchte.

Jetzt, während des Aufstiegs der Erde, lichten sich die Nebel zwischen unserer und eurer Dimension, sodass ihr uns, wann immer ihr bereit seid, mit eigenen Ohren hören und mit eigenen Augen sehen werdet.

Mit Freudentränen in den Augen werden wir euch umarmen, denn unsere Liebe zu euch ist unendlich und unbeschreiblich. Bis dahin werden wir flüstern. Mögest du unser Lächeln, unser Augenzwinkern empfangen, das dir jederzeit offenbart werden kann.“

Leila Eleisa Ayach
Seelenverträge Band 2 und 3
Die Bedeutung des spirituellen Mentors auf dem Weg zum Erwachen
Jeshua und das Goldene Jerusalem
168 Seiten, A5, broschiert
ISBN 978-3-941363-44-1

Die Bedeutung des spirituellen Mentors auf dem Weg zum Erwachen

„Dieses Mal habt ihr Hilfe in Form eines menschlichen Mentors, der vor euch den Weg gegangen ist und um die Tücken und Herausforderungen des spirituellen Wegs, die Läuterungsprozesse und um die Dunkelheit weiß, über die der Schleier des Vergessens bisher lag. Er begegnet euch zur rechten Zeit, wie es verabredet war, und er hilft euch zu erkennen, was Wirklichkeit und was Dualität ist.“

Jeshua und das Goldene Jerusalem

„Die Menschheit tritt ein in das Zeitalter des Goldenen Jerusalems, das symbolisch für den göttlich erwachten Menschen auf Erden steht. Es ist die Rückkehr des Menschen ins Paradies, in den Garten Eden. An dem Tag, an dem eine bestimmte Anzahl von Menschen weltweit erwacht ist, ist Lady Gaia geheilt. An diesem Tag habt ihr eine neue Erde und einen neuen Himmel.“

Kerstin Simoné
Thoth – Die Sinfonie der Schöpfung
CD, Lauflänge ca. 70 Minuten
ISBN 978-3-941363-51-9

Thoth übermittelt uns mit dieser sehr einzigartigen und intensiven Möglichkeit der Frequenzmeditation die Fähigkeit, zu spüren, dass WIR, die Quelle, das Universum und die Erde EINS sind. Erfahre die Reaktivierung des Lichtkörpers und zeitgleich die bewusste Ausrichtung des neuen Herzzentrums, des Kristallchakras, das den Frequenzen der neuen Menschheitsära angeglichen wird. Die uns innewohnenden Werkzeuge werden hierbei noch einmal intensiviert, sodass letztendlich ein vollkommen neu ausgerichtetes Niveau der bewussten Wahrnehmung entsteht.

„Der Urklang der Unendlichkeit der Schöpfung wird in euch erklingen und euch ungeahnte Pforten der Weisheit offenbaren.“